입문 학습자를 위한
라이라이 중국어 회화

입문 학습자를 위한
라이라이 중국어 회화 입문편

저　자	고선문
초판인쇄	2009년 2월 15일
초판2쇄	2010년 5월 15일
발 행 인	김용부
발 행 처	글로벌문화원
삽　화	김현아
북디자인	Design Didot 디자인디도
등록번호	제2-407
등록일자	1987년 12월 15일
주　소	서울시 종로구 삼일대로 15길 19 글로벌빌딩
전　화	(02) 725-8282
팩　스	(02) 753-6969
홈페이지	http://www.globalbooks.co.kr

ISBN 978-89-8233-081-0 04720
정가 12,000원

이 교재의 내용을 사전 허가없이 전재하거나 복재할 경우 법적인 제재를 받게 됨을 알려 드립니다.
잘못된 책은 구입하신 서점이나 본사에서 교환해 드립니다.

입문자를 위한
라이라이 중국어 회화

입문편

고선문 지음

도서출판 **글로벌문화원**

저자의 말

중국 열풍! 잠자던 사자 중국이 기지개를 편 이후, 세계는 중국의 일거수일투족에 관심을 기울이고 있습니다. 우리 나라에서는 중국 열풍이 중국어 공부 열풍으로 나타나고 있는 것 같습니다. 중국어 전문 학원에서는 회화 반과 중국어 급수 시험 반이 따로 운영되고 있고, 회사에서도 사내 중국어 교육이 매우 활발히 이루어지고 있습니다. 또한 임직원 연수 프로그램 중에도 집중적인 중국어 학습 프로그램이나 중국 문화 이해 과정 등을 통해 중국에 대한 이해를 높이고자 노력하고 있습니다. 그만큼 중국어와 중국에 대한 지식이 우리의 이해관계와도 직접적인 상관성이 높아졌기 때문이지요. 중국어는 영어 못지 않은 필수 외국어가 되어가고 있습니다. 지금이라도 이 책을 집어 들고 중국어에 대한 관심을 가지기 시작한 당신께 뜨거운 격려의 박수를 보내드립니다.

제가 중 3 겨울방학 때 처음 '你好(Nǐ hǎo)'부터 중국어를 배울 당시에만 해도 십 수년 후 중국어 시장이 이와 같은 상황이 될 것이라고는 상상하지 못했습니다. 그 때는 국내에 나와 있는 중국어 교재라고 해 봐야 한 두 권 정도였고 중국어 학원에서는 거의 북경 어언 대학에서 출판된 원서 교재를 가지고 수업이 진행되었습니다. 지금은 수도 없이 많은 중국어 교재가 시중에 나와 있고, 공부 하려고만 들면 학원과 인터넷 동영상, 또 수많은 인터넷 사이트들이 제공하는 중국어 공부 컨텐츠를 활용하여 얼마든지 공부할 수 있습니다. 중국어 학습자들에게 있어 최적의 상황이 이미 만들어져 있고, 앞으로도 더욱 발전될 것입니다. 그러나 여전히 '중국어 공부는 너무나 어렵다' 라는 인식에는 별로 큰 변화가 없는 것 같습니다. 무엇보다 한국어 발음에는 없는 발음이 많고, 중국어의 성조에 대한 어색함 그리고 어려운 한자에 대한 공포감이 주 원인인 것 같습니다. 제가 여러분께 몇 가지 팁을 드리겠습니다.

첫째, 발음입니다. 신기하게도 중국어 발음을 가장 비슷하게 따라 할 수 있는 것이 한국인입니다. 제가 중국어 강의를 하면서 가장 어렵다는 네 개의 권설음 발음을 끝까지 극복하지 못하는 학생들은 거의 만나보지 못했습니다.

둘째, 성조입니다. 중국어도 그저 말일 뿐입니다. 성조를 지켜가며 말하는 것이 그토록 어려운 일이라면 어떻게 말을 하고 살겠습니까? 일단 중국어의 리듬감에 귀가 익으면 오히려 성조 때문에 중국어가 더욱 잘 들리게 될 것입니다.

셋째, 한자입니다. 저도 중학교 때부터 한자라면 지긋지긋해 했습니다. 하지만 희한하게도 말로서 중국어를 배우고 말을 적는 문자로 한자를 배우다 보니까 한자가 쉬워지더군요. 한시를 적는 것은 어렵지만 우리가 생활 속에 하는 말을 적는 것은 규칙이 있기 때문에 매우 쉽습니다.

십 수년간 중국어를 배우고 가르치는 생활을 계속하면서 제가 느끼는 것은 중국어가 너무나 재미있고 매력적인 언어라는 것입니다. 그리고 중국어는 한국인이 배우기에 영어보다 훨씬 쉽습니다. 초기에 부딪히게 되는 일단의 어려움만 참고 꾸준히 계속하다 보면, 어느 새 여러분은 중국어의 매력에 빠져들게 되실 것입니다. 믿고 따라해 보십시오. 여러분의 중국어 공부 여정의 시작에 제가 함께 하게 되어 정말 기쁩니다. 加油!

이 책의 활용법

고쌤의 어법 노트
이 과에 나오는 어법과 주요 표현들이 고쌤의 자세한 설명과 예문을 통해 쏙쏙 이해됩니다.

한 문장 말하기
한 문장으로 중국어를 구사해 보면서 중국어에 대한 자신감을 높일 수 있습니다. 또한 한 문장 속에 그 과의 필수 어법이 숨어 있으니, 단숨에 외워 보세요!

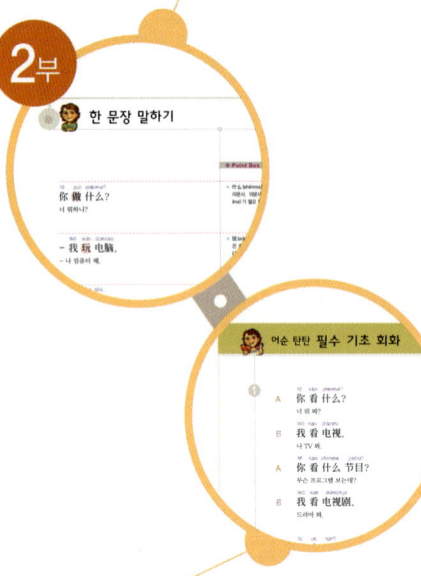
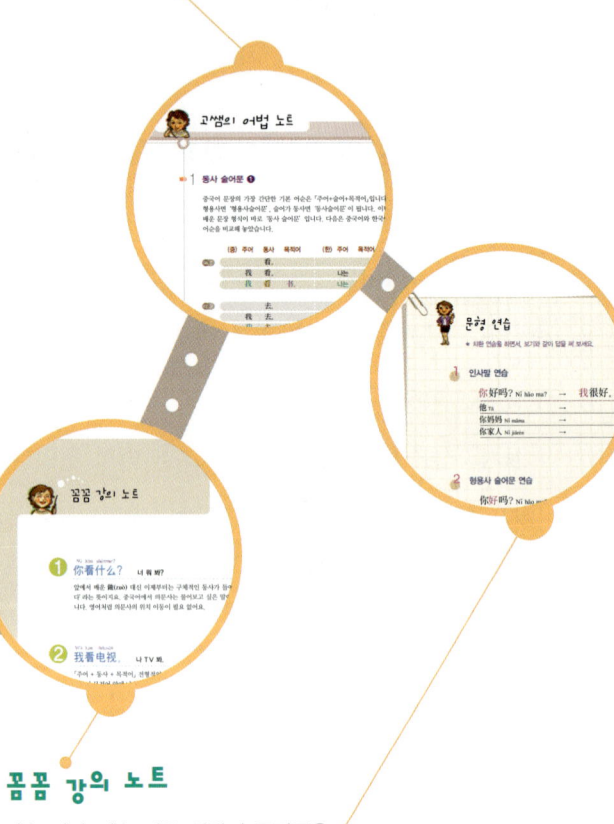

어순 탄탄 필수 기초 회화
2개 또는 3개로 구성된 필수 기초 회화문입니다. 이 과에서 배울 어순이 담겨 있는 문장들이니 녹음을 여러 번 듣고 따라해 보세요.

꼼꼼 강의 노트
어순 탄탄 필수 기초 회화의 문장들을 하나씩 자세히 설명해 놓았습니다.

문형 연습
이 과에서 나온 필수 문형들을 치환 연습을 통해 습득할 수 있도록 구성하였습니다. 한자와 병음으로 빈칸에 쓰고 읽어 보면서 한 과를 완전히 이해할 수 있도록 합시다.

고쌤의 어법 노트

2부에서 한 걸음 나아간 어법과 표현들을 배워봅니다. 어법 노트의 내용을 완전히 익히면 이 책을 마스터 했다고 볼 수 있습니다.

발음 연습

1부 발음편에서 나온 내용들을 발음 연습의 문제들을 통해 튼튼히 다지기 위해 수록하였습니다. 2부 열 과에 나온 발음 연습 편을 통해 중국어 발음의 기초 공사를 탄탄히 할 수 있습니다.

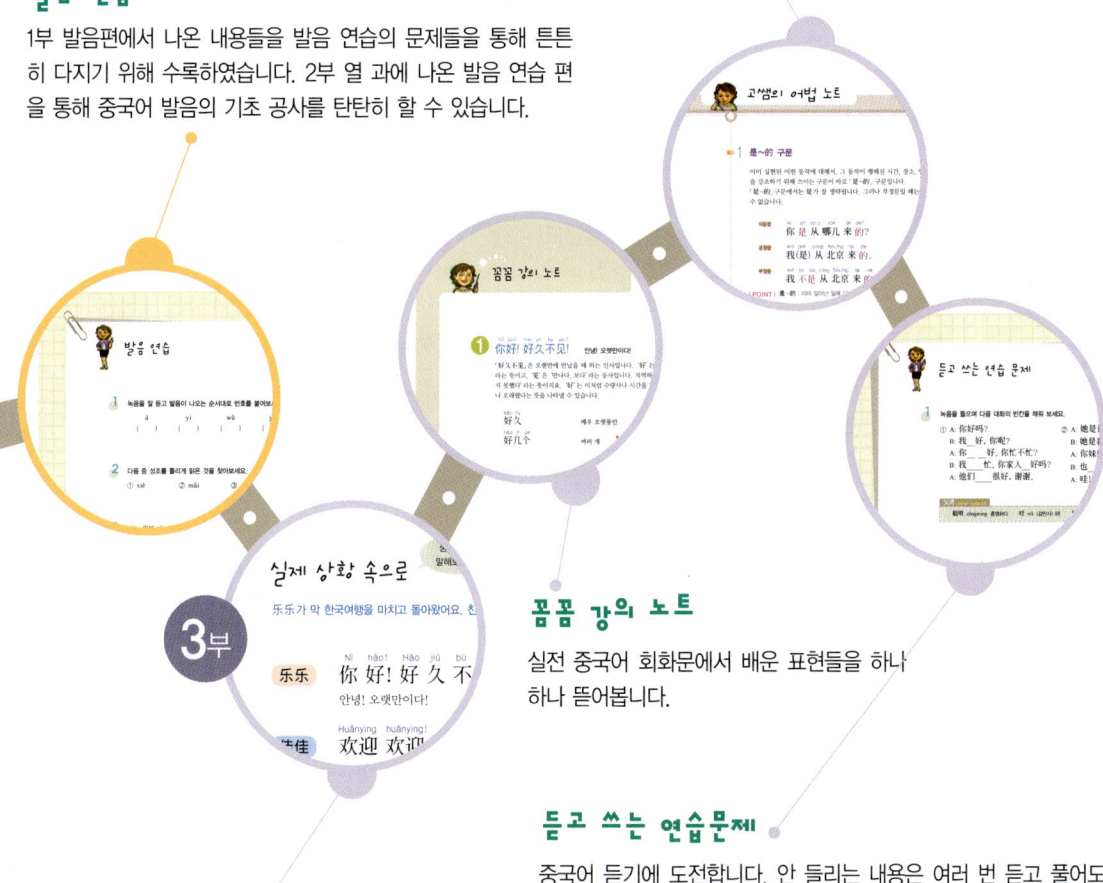

꼼꼼 강의 노트

실전 중국어 회화문에서 배운 표현들을 하나하나 뜯어봅니다.

듣고 쓰는 연습문제

중국어 듣기에 도전합니다. 안 들리는 내용은 여러 번 듣고 풀어도 괜찮습니다. 듣기를 많이 해야 외국어의 첫 장벽을 뛰어넘는 데 도움이 됩니다.

중국인처럼 말해 보아요

세 명의 주인공의 대화와 생활을 통해 실전 기초 중국어에 도전합니다. 친근하고 가벼운 생활 회화를 통해 중국인들이 실제 하는 말을 익혀봅니다.

01 발음편

중국어 기초 상식 · 10
1. 중국어의 성조 · 12
2. 6개의 단운모 · 14
3. 성모 21개 · 15
4. 3종류의 복운모 · 17
5. 비운모, 권설운모 · 19
6. 성조의 변화 · 21
7. 발음편 핵심 짚어보기 · · · · · · · · · · · · · · · · · · 23

02 어순 탄탄 기초 회화

1과 你好! 안녕하세요! · 27
2과 你做什么? 당신 뭐 하세요? · · · · · · · · · · · · · 37
3과 我是韩国人。나는 한국인입니다. · · · · · · · · 47
4과 这是什么? 이것은 무엇입니까? · · · · · · · · · 57
5과 你在哪儿? 당신은 어디에 있나요? · · · · · · · 67
6과 有没有? 있어요 없어요? · · · · · · · · · · · · · · · · 77
7과 你要几斤? 몇 근 드릴까요? · · · · · · · · · · · · · 87
8과 这个多少钱? 이것 얼마에요? · · · · · · · · · · · 97
9과 现在几点? 지금 몇 시에요? · · · · · · · · · · · 107
10과 今天几月几号? 오늘이 몇 월 며 일이죠? · · · · · · · · · · · 117

03 실제 상황 속으로

11과 好久不见! 오랜만이에요! · · · · · · · · · · · · · 131
12과 你是从哪儿来的? 당신은 어디에서 왔나요? · · · · · · · · 139
13과 你家有几口人? 당신 가족은 몇 명이에요? · · · · · · · · · · 147
14과 你今年多大? 올해 몇 살이에요? · · · · · · · · 155
15과 你们想吃什么? 당신들 뭐 드시고 싶으세요? · · · · · · · · 163
16과 热的还是冰的? 뜨거운 거요 차가운 거요? · · · · · · · · · · 171
17과 你在干什么? 당신 뭐 하고 있어요? · · · · · 179
18과 你吃饭了吗? 밥 먹었어요? · · · · · · · · · · · 187
19과 墙上挂着全家福。벽에 가족 사진이 걸려 있어요. · · · · 195
20과 你喝过茉莉花茶吗? 당신 자스민 차 드셔 보셨어요? · 203

1

중국어의 발음

발음 공부 Tip!

발음을 잡으면 중국어 공부의 반은 끝났다고 볼 수 있어요. 그 어렵다는 중국어 발음과 복잡하기만 한 성조도, 듣고 따라하기를 반복하다 보면 어느새 자연스러운 발음으로 교정이 된답니다. 일단 한자는 잊고, 한어 병음 자모의 발음을 여러 번 듣고 따라 읽으며 정확한 발음이 무엇인지 입으로, 귀로, 눈으로 기억해 두세요. 영어처럼 읽으려고 하지 말고 발음규칙에 따라 차근차근 익혀갑시다.

발음편 목차

중국어 기초 상식 • 10 / 1. 중국어의 성조 • 12 / 2. 6개의 단운모 • 14 / 3. 성모 21개 • 15 / 4. 3종류의 복운모 • 17 / 5. 비운모 -n, -ng • 19 / 6. 성조의 변화 • 21 / 7. 발음편 핵심 짚어보기 • 23

중국어 기초 상식

1 한어와 보통화

중국 사람들은 자기네 말을 中国语라고 부를까요? 사실 이 '중국어'라는 말은 일본인들이 중국어를 가리키는 명칭에서 왔습니다. 중국에서는 중국어를 '한어(汉语)'라고 부르지요. 이 명칭은 13억 중국 인구의 93%를 차지하는 '한족(汉族)이 쓰는 말'이라는 뜻에서 나머지 7%를 차지하는 소수민족의 언어와 구분된답니다. 그런데 이 한어라는 말도 범위가 너무 넓어요. 한반도 면적의 44배에 해당하는 드넓은 땅덩어리에서 한어는 '북경어', '광동어', '상해어' 등 다양한 방언의 모습으로 존재합니다. 방언이 얼마나 심하면 '사투리 통역사'라는 전문 직업도 있을 정도랍니다. 말이 통하지 않으면 정부가 통치하기도 어렵고, 무엇보다 서로간에 의사소통을 하기도 힘들겠지요? 그래서 제정된 것이 <u>전국 공통의 표준어, '보통화(普通话)'</u>입니다. 우리가 앞으로 배우게 될 중국어가 바로 이 보통화랍니다.

Hàn yǔ	pǔ tōng huà
汉语 한어	普通话 보통화

2 한어병음자모

한자는 말의 뜻을 담은 문자이므로 의미를 아는 데는 편리할 지 몰라도 어떻게 발음하는지는 모양만 보아서는 알 수가 없습니다. 그래서 중국인들은 한자의 발음을 표시하기 위한 수단을 만들기 위해 고심했지요. 1958년 중국 정부는 한자의 발음을 표기할 수 있는 효과적인 수단을 제정 공포했는데, 그것이 바로 로마자를 차용한 '한어병음자모(汉语拼音字母)' 입니다. 이 발음표기법 덕분에 중국어를 배우기가 한결 수월해졌답니다. 그런데 이 발음표기법이 영어와 비슷하다고 해서 무작정 영어식으로 읽다가는 완전히 틀린 발음이 되는 경우가 많아요. 처음 발음을 배울 때 각각의 한어병음자모의 정확한 음가와 발음규칙을 잘 익혀두어야 합니다. 컴퓨터에 중국어를 입력할 때에도 이 한어병음을 사용하기 때문에 한자의 발음을 한어병음으로 어떻게 정확히 표기하는지 아는 것은 더욱 중요하답니다.

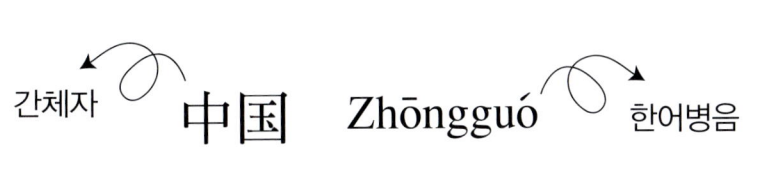

3 간체자

마지막으로 중국어의 문자인 한자에 대해서 살펴봅시다. 중국에서 현재 사용되는 정식 글자는 「간체자(简体字)」입니다. '모양이 간략해진 글자' 라는 뜻이지요. 간단한 단어는 원래대로 쓰지만, 필획이 많고 복잡한 글자는 간략하게 바꾸어 놓았어요. 예를 들어, '들을 청' 자는 '聽(22획)' 에서 '听(7획)' 으로 무려 15획이 줄었답니다. 우리나라나 대만 등지에서 지금도 사용하는 정자는 '번체자(繁体字)' 라고 불러요. 간체자는 모양이 간단해져서 쓰기도 편하고 외우기도 쉽지요. 하지만 번체자는 지난 삼천 년간 중국의 정식글자로서 각종 서적과 문서에 사용되어 왔기 때문에 중국의 전통문화를 이해할 수 있는 좋은 수단입니다. 우리가 이미 알고 있는 번체자도 잊지 않도록 잘 기억해 둡시다.

중국어의 성조

중국어의 성조

🔖 4성 & 경성

중국어에는 글자의 각 음절마다 음의 높낮이가 있습니다. 이것을 성조(声调)라고 합니다. 우리가 배울 보통화(普通话)에는 네 개의 성조와 경성이 있습니다. 같은 발음이라도 성조가 다르면 의미가 완전히 달라지므로 성조는 한 음절을 구성하는 필수 요소 입니다. 그러므로 각 글자의 발음을 익힐 때는 성조를 확실히 기억해 두어야 합니다.

높은 음높이를 일정하게 유지하며 발음합니다. 1성의 음높이가 다른 성조의 음높이를 결정하므로 평소 자기 목소리 톤보다 한 톤 높게 내도록 노력하세요.

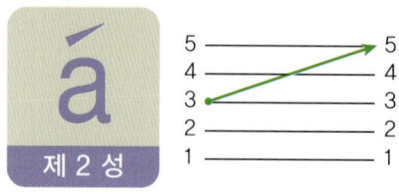

중간 정도의 음높이에서 가장 높은 음까지 소리를 빠르게 끌어올립니다. 놀라운 소식을 들었을 때 '뭐?' 하고 반문하는 억양과 비슷합니다.

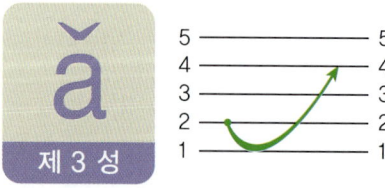

제3성의 포인트는 두 턱이 될 정도로 낮게 발음하는 것입니다. 매우 낮은 음까지 내렸다가 뒤를 살짝 올려줍니다. 뭔가를 이해했을 때, '아~아' 하는 것과 비슷한 느낌입니다.

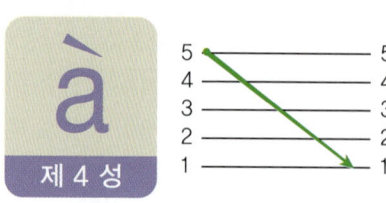

탁구공을 세게 내려치듯이 빠르고 급격하게 가장 높은 음에서 가장 낮은 음까지 낮춰 발음합니다. 갑자기 한 대 얻어맞았을 때 아파서 '아!' 하는 소리와도 비슷합니다.

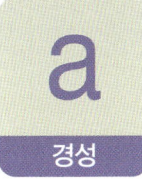 경성은 항상 어떤 음절의 뒤에 위치하며 일정한 성조가 없이 앞 음절의 영향을 받아 음의 높낮이가 결정됩니다. 경성 음절은 가볍고 짧게 발음합니다. 경성에는 성조기호를 붙이지 않습니다.

■ 경성의 음높이

앞음절이 제 1, 2, 4 성 일 때는 내려가고, 제3성일 경우에만 올라갑니다.

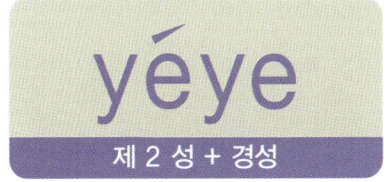 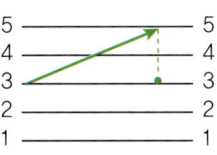

 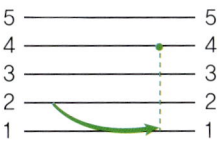

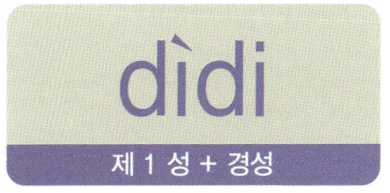 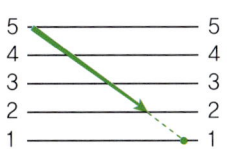

6개의 단운모

■ a, o, e, i, u, ü

우리말의 '아, 에, 이, 오, 우'처럼 중국어에도 6개의 기본모음이 있습니다. [a, o, e, i, u, ü]입니다. 한 개의 모음으로 이루어져 있기 때문에 단운모라고 합니다. 특히 [e]와 [ü]의 발음에 주의하면서 각각의 음가를 정확히 익히도록 합시다.

a 입을 벌리고 '아' 하는 소리를 냅니다.
ā á ǎ à

o 입술을 둥글게 하고 '오어' 하고 발음합니다.
ō ó ǒ ò

e 입술을 양 옆으로 잡아당기면서 '으어' 하고 빠르게 발음합니다. '에' 하고 발음하지 않도록 주의합니다.
ē é ě è

i 입을 입술을 양 옆으로 많이 잡아당기면서 '이' 하고 발음합니다.
yī yí yǐ yì

u 입술을 둥글게 만들고 앞으로 내밀면서 '우' 하고 발음합니다.
wū wú wǔ wù

ü 'u'의 입술 모양에서 혀를 움직여 '이' 소리를 낸다는 느낌으로 발음합니다. 우리말의 '위' 소리와 비슷하지만 처음부터 끝까지 입술모양을 고정합니다.
yū yú yǔ yù

주의할 표기법

우리말에도 모음으로만 이루어진 음절이 있듯이 중국어도 모음만으로 한 음절이 구성될 수 있습니다. 예를 들어 단운모 e에 제4성이 붙을 경우 '배고프다(饿 è)'는 뜻의 형용사가 되지요. 그런데 위 6개의 단운모 중 i, u, ü로 시작되는 모음만으로 구성되는 음절일 경우 앞에 자음을 붙여서 표기해야 합니다.

i → yi   一 yī
u → wu   五 wǔ
ü → yu   雨 yǔ (위의 두 점은 빼 줍니다.)

성모 21개

🔸 중국어의 성모

음절의 첫소리에 나오는 중국어의 21개 성모입니다. 성모는 홀로 발음을 낼 수 없기 때문에 앞에서 배운 단운모를 붙여서 연습합니다. 정확한 발음부위와 발음 방식을 사용해야 올바른 발음을 할 수 있습니다.

	무기음	유기음		
쌍순음(双脣音)	b(o)	p(o)	m(o)	
순치음(脣齒音)				f(o)
설첨음(舌尖音)	d(e)	t(e)	n(e)		l(e)
설근음(舌根音)	g(e)	k(e)		h(e)
설면음(舌面音)	j(i)	q(i)		x(i)
권설음(卷舌音)	zh(i)	ch(i)		sh(i)	r(i)
설치음(舌齒音)	z(i)	c(i)		s(i)

🔸 발음 부위와 발음 방식

- **쌍순음(두 입술 소리)** : 입술을 붙였다 떼면서 bo, po, mo를 발음합니다.
- **순치음(입술과 이 소리)** : 윗니로 아랫입술 뒤쪽을 살짝 물었다 떼면서 fo를 발음합니다.
- **설첨음(혀끝소리)** : 혀끝을 이에 살짝 댔다가 떼면서 de, te, ne, le를 발음합니다. le 발음을 할 때는 혀끝으로 경구개 뒤쪽을 튕기면서 '술래잡기'의 '래' 처럼 [ㄹ+ㄹ] 발음을 합니다.
- **설근음(혀뿌리소리)** : 목구멍 깊은 곳에서부터 나오는 소리로 ge, ke, he를 발음합니다.
- **설면음(혓바닥소리)** : 입을 양 귀쪽으로 잡아당기면서 혓바닥을 평평하게 펴주며 ji, qi, xi 하고 발음합니다. 우리말의 '지, 치, 시'와 유사합니다.
- **권설음(혀 마는 소리)** : 혀끝을 천장 쪽으로 살짝 꼬부라지게 들면서 zhi, chi, shi, ri 를 발음합니다. 여기서 운모 i는 '으'로 소리납니다.
- **설치음(혀와 잇 소리)** : 혀끝을 아랫니 뒤에 딱 붙이고 zi, ci, si 를 발음합니다. 이 때도 역시 i를 '으'로 소리냅니다.

성모 21개

🟧 무기음과 유기음

중국어 성모에는 숨을 세게 터트리며 발음하는 유기음(有气音)과 숨을 억제하면서 살짝 내쉬며 발음하는 무기음(无气音)이 있습니다. 앞장의 성모표에 나타나는 것처럼 유기음과 무기음의 대립이 나타나는 음은 총 6개입니다.

무기음	유기음		
b(o)	p(o)	bā 八 여덟 –	pá 爬 기다
d(e)	t(e)	dà 大 크다 –	tā 他 그
g(e)	k(e)	gē 歌 노래 –	kè 课 수업
j(i)	q(i)	jǐ 几 몇 –	qī 七 일곱
zh(i)	ch(i)	zhǐ 纸 종이 –	chī 吃 먹다
z(i)	c(i)	zì 字 글자 –	cí 词 단어

🟧 성모+단운모 연습

성모에 단운모를 붙여 연습해 봅시다. 성모+단운모에 성조를 붙이면 완전한 하나의 단어가 됩니다.

● 단음절어

ta + 제1성　tā　她 그녀
de + 제2성　dé　得 얻다
nü + 제3성　nǚ　女 여자
da + 제4성　dà　大 크다

● 2음절어

yīfu　衣服 옷　＊u는 '우' 발음
yùmǐ　玉米 옥수수　＊yu는 원래 ü
nàli　那里 저기
lìshǐ　历史 역사

04. 3종류의 복운모

▶ 첫 소리가 강한 4개의 복운모 ai, ei, ao, ou

2개 이상의 모음이 합쳐진 운모를 복운모라고 합니다. 위의 네 개의 운모는 첫소리가 큰 운모들입니다. 앞의 모음을 출발점, 뒤의 모음을 목적지라 생각하며 앞모음에서 뒷모음으로 입모양을 자연스럽게 변화시키며 발음합니다.

ai	a 뒤에 가볍게 i 를 덧붙입니다.	mǎi 买 사다 cài 菜 요리
ei	e 소리에 주의합시다. 단운모의 e와는 달리 뒤의 모음 i의 영향으로 [ɛ]로 발음됩니다.	hēi 黑 검다 shéi 谁 누구
ao	a 뒤에 가볍게 o를 덧붙입니다.	hǎo 好 좋다 máo 毛 털
ou	'o'를 발음한 다음 살짝 'u'를 덧붙입니다. 여기서 'o'는 '오'보다는 '어'에 가깝습니다. '어우'와 비슷하게 발음합니다.	dōu 都 모두 hòu 后 뒤

■ 성조부호는 어디에 표기할까요?

성조부호는 모음 위에 표기합니다. 단운모일 경우에는 모음이 하나니까 상관없지만, 모음이 여러 개인 복운모부터는 어디에 표기해야 할지 망설이게 됩니다. 다음의 성조표기 규칙을 알아둡시다.

$$a > o, e > i, u, ü$$

① a가 있으면 a 위에 표기합니다. → gāo   biǎo
② a가 없으면 o나 e 위에 표기합니다. o와 e가 같이 나오는 발음은 없습니다.
　→ dōu   bié
③ a, o, e가 모두 없을 경우, i와 u가 같이 나오면 뒤쪽에 있는 모음에 표기합니다. i나 u가 ü와 함께 나오는 경우는 없습니다.
　→ jiǔ   huì
④ i 에 성조부호를 표기할 경우, i 위의 점을 빼고 표기합니다. → yī   guì

3종류의 복운모

■ 끝 소리가 강한 5개의 복운모

ia	i 소리에서 출발해 a를 강하게 발음합니다. ＊모음만으로 음절이 구성될 경우 i를 y로 바꿔줍니다.	yá 牙 이 jiā 家 집
ie	i 소리에서 출발해 [ɛ]를 발음합니다. 여기서도 e가 i의 영향을 받아 [ɛ] 소리로 발음됩니다. ＊모음만으로 음절이 구성될 경우 i를 y로 바꿔줍니다.	yè 夜 밤 jiě 姐 언니
ua	입술을 앞으로 내밀고 u를 발음한 후 a발음을 확실하게 합니다. ＊모음만으로 음절이 구성될 경우 u를 w로 바꿔줍니다.	wá 娃 인형 huā 花 꽃
uo	입술을 앞으로 내밀고 u를 발음한 후 o소리를 덧붙입니다. '우어'에 가깝게 발음됩니다. ＊모음만으로 음절이 구성될 경우 u를 w로 바꿔줍니다.	wǒ 我 나 duō 多 많다
üe	먼저 ü를 확실히 발음 한 후 [ɛ]소리를 냅니다. 여기서도 e가 ü의 영향을 받아 [ɛ]로 발음됩니다. ＊모음만으로 음절이 구성될 경우 ü앞에 y를 붙이고 점은 떼 줍니다. ＊성모가 j, q, x로 시작하는 경우 ü위의 점을 떼 줍니다.	yuè 月 달 lüè 略 생략하다 jué 决 결정하다

■ 중간 소리가 강한 4개의 복운모

iao	i의 입모양에서 a를 강하게 발음한 다음 o는 가볍게 덧붙입니다. 세 개의 모음을 빠르게 한 음절로 발음해야 합니다.	yào 药 약 jiào 叫 부르다
iou	i의 입모양에서 시작해 o를 강하게 발음한 다음 u를 살짝 덧붙입니다. 성모와 결합할 경우 중간의 o를 빼고 표기합니다.	yǒu 有 있다 jiǔ 酒 술
uai	u의 입모양에서 시작해 a를 강하게 발음한 후 i를 살짝 덧붙입니다. 빠르고 자연스럽게 세 개의 모음을 이어 발음해야 합니다.	wài 外 밖 shuài 帅 잘생기다
uei	u의 입모양에서 시작해 e를 강하게 발음 한 후 i를 살짝 덧붙입니다. e는 [ɛ]로 발음합니다. 성모와 결합할 경우 e를 빼고 표기합니다.	wèi 喂 여보세요 duì 对 맞다

＊모음만으로 음절이 구성될 경우 i는 y로, u는 w로 바꿔줍니다.

비운모 -n, -ng

우리말의 'ㄴ'이나 'ㅇ' 받침처럼 중국어에도 n이나 ng로 끝나는 운모가 있습니다. 이런 운모들을 비음(鼻音)이 난다고 하여 '비운모'라고 합니다.

■ n으로 끝나는 운모

an	a발음 후 n을 살짝 붙입니다. ān 安 편안하다 fàn 饭 밥	**en**	e발음 후 n을 살짝 붙입니다. [엔]으로 발음하지 않게 주의합시다. ēn 恩 은혜 mén 门 문
ian	여기서 e의 발음은 [ɛ]입니다. → [iɛn] yān 烟 연기 qián 钱 돈	**in**	i 발음 후 n을 붙입니다. i와 n 사이에 e 소리가 숨어 있습니다. yín 银 은 jīn 金 금
uan	u를 발음한 후 an을 덧붙입니다. wán 玩 놀다 chuān 穿 입다	**uen**	u 발음 후 en을 붙입니다. ＊성모로 시작되면 중간의 e를 빼고 씁니다. wèn 问 묻다 dùn 顿 끼니
üan	ü 뒤에 an을 덧붙입니다. a는 주로 [ɛ]로 발음합니다. yuǎn 远 멀다 quán 权 권력	**ün**	ü 뒤에 n을 붙입니다. 중간에 e음이 살짝 숨어 있습니다. yún 云 구름 jūn 军 군

비운모 -n, -ng

ng로 끝나는 운모

ang	a 뒤에 ng을 받침처럼 붙입니다. áng 昂 머리를 들다 fàng 放 놓다	**eng**	e 뒤에 ng을 받침처럼 붙입니다. péng 朋 친구 zhèng 正 바르다
iang	i 뒤에 ang을 자연스럽게 붙입니다. yǎng 养 기르다 jiāng 江 강	**ing**	i 뒤에 ng을 자연스럽게 붙입니다. i와 ng 사이에 e가 숨어 있습니다. yíng 迎 맞이하다 tīng 听 듣다
uang	u 뒤에 ang을 연이어 발음합니다. wáng 王 왕 chuáng 床 침대	**ueng**	u 뒤에 eng를 자연스럽게 붙입니다. e는 단모음 e소리이고, 앞에 성모는 오지 않습니다. wēng 翁 노인
ong	o 뒤에 ng 받침을 붙입니다. zhōng 中 가운데 chóng 虫 벌레	**iong**	i 뒤에 ong을 자연스럽게 붙입니다. yòng 用 사용하다 qióng 穷 가난하다

권설 운모 er

보통화의 운모 중에는 혀를 말아서 발음하는 'er' 음이 있습니다. 이 운모는 앞에 성모가 오지 않고 항상 단독으로 발음됩니다.

èr 二 둘   **érzǐ** 儿子 아들   **nǚ'ér** 女儿 딸

06 성조의 변화

성조의 변화는 발음하기 편하고 쉽게 하기 위해 일어나는 현상입니다. 아래 세 종류의 변조 현상을 잘 알아둡시다.

▪ 제3성의 성조변화

(1) 제3성 뒤에 제3성이 연속적으로 나오면 앞의 제3성을 제2성으로 읽습니다.

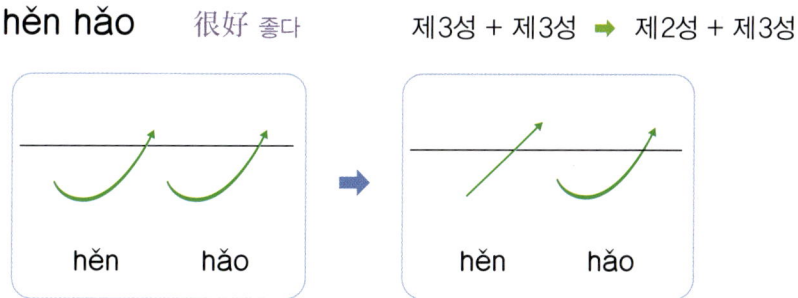

hěn hǎo　很好 좋다　　제3성 + 제3성 ➡ 제2성 + 제3성

• 단, 성조를 표기할 때는 3성으로 표기합니다.

(2) 제3성 뒤에 제1, 2, 4 성이 오면, 앞의 제3성을 반 3성으로 읽습니다.

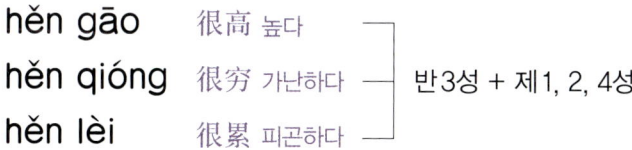

hěn gāo　很高 높다
hěn qióng　很穷 가난하다　　반3성 + 제1, 2, 4성
hěn lèi　很累 피곤하다

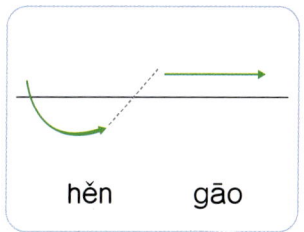

성조의 변화

■ 반3성 이란?

　제3성을 내려오는 부분과 올라가는 부분으로 나누었을 때, 앞의 내려오는 부분을 가리켜 반3성이라 합니다.

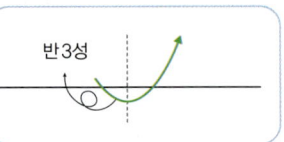

不의 성조변화

不는 원래 제4성이지만, 뒤에 제4성이 이어질 때 不가 제2성으로 변합니다. 뒤에 제1,2,3성이 이어지면 원래 성조인 제4성으로 읽습니다.

예　不 + 제1성 : 不听 bù tīng
　　不 + 제2성 : 不来 bù lái　┐ 성조변화 없음
　　不 + 제3성 : 不买 bù mǎi ┘
　　不 + 제4성 : 不错 bú cuò　— 제2성으로 변화

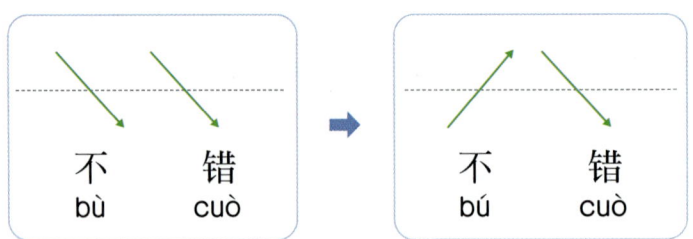

제1성의 성조변화

一는 원래 제1성이지만, 뒤에 어떤 성조가 오느냐에 따라 성조가 변합니다. 뒤에 제1, 2, 3성이 오면 제4성으로 읽고, 뒤에 제4성이 오면 제2성으로 읽습니다.

예　一 + 제1성 : 一天 yì tiān
　　一 + 제2성 : 一年 yì nián　┐ 4성으로 변화
　　一 + 제3성 : 一百 yì bǎi ┘
　　一 + 제4성 : 一亿 yí yì　— 제2성으로 변화

● 제1성이 서수를 나타내거나, 아라비아 숫자를 하나하나 읽을 경우 원래 성조인 제1성으로 읽습니다.
　　第一课 dì yī kè　　一月一号 yī yuè yī hào　　一, 二, 三.. yī, èr, sān..

발음편 핵심 짚어보기

발음편 핵심 짚어보기

■ **중국어의 음절 구조**

앞에서 성모와 운모를 전부 배웠습니다. 중국어 음절은 성모와 운모로 나뉘며, 성모를 제외한 나머지를 운모라고 합니다. 운모는 모음 한 개로 구성된 「단운모」, 모음 2개 이상으로 구성된 「복운모」, 복운모 중에서도 n이나 ng로 끝나는 「비운모」가 존재합니다. 운모의 구성요소는 다시 성모와 다른 운모를 연결해 주는 '개음', '주요모음', 음절 끝에 위치하는 '미음'으로 나뉩니다.

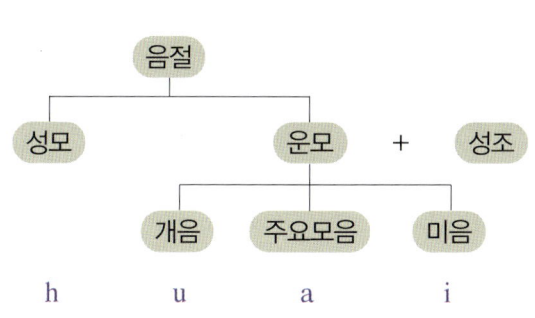

운모를 잘 살펴보면 소리가 강한 운모의 순서는 a > o > e 이고, 음절 앞이나 끝에 붙는 i, u, ü는 소리가 약하게 난다는 것을 알 수 있습니다. 단운모는 모두 운모의 주요모음이 될 수 있고, 「i, u, ü」는 개음(介音: 성모와 다른 운모 사이에 놓여 연결시켜 주는 음)으로 사용됩니다. 음절 끝에 붙을 수 있는 모음은 「i, u, n, ng」입니다. 중국어 음절을 구성하는 데 성모, 개음, 미음은 없을 수도 있지만, '주요모음'과 '성조'는 반드시 필요합니다.

■ **儿화**

보통화는 북경음을 기초로 만들어진 표준어이기 때문에 북경어의 특징을 많이 물려받았습니다. 그 가운데서도 가장 대표적인 것이 바로 儿化입니다. 儿化란 혀를 말아 발음하는 것인데, 음절의 끝에 붙입니다. 북경 토박이일 수록 이 儿화가 심한 것을 볼 수 있습니다. 보통은 儿化의 유무가 뜻에 아무런 차이를 나타내지 않지만, 때로 儿화를 통해 품사가 바뀌거나 의미가 변하는 경우도 있습니다.

23

발음편 핵심 짚어보기

huār 花儿 꽃   yǎnjìngr 眼镜儿 안경   wánr 玩儿 놀다

huà
画 그리다(동사) ➡ huàr
画儿 그림(명사)

■ 헷갈리기 쉬운 운모 발음법 / 표기법

(1) 단운모 e 와 ü

e는 '으어'로 ü는 입술 모양을 고정한 채 '위'로 발음합니다.

(2) 복운모 ei, ie, ian, üan

여기서 e는 [ɛ]로 발음합니다.

(3) 모음만으로 구성될 때의 병음 표기법

i- : yi- • 단, i 외에 다른 모음이 있을 때는 y만 써 줍니다. → yang
i 외에 다른 모음이 없을 때는 yi-로 씁니다. → yi / yin

u- : wu- • 단, u 외에 다른 모음이 있을 때는 w만 써 줍니다. → wan
u 외에 다른 모음이 없을 때는 wu-로 씁니다. → wu

ü- : yu- • ü로 시작되는 음절이 모음만으로 구성될 때는 항상 yu-로 씁니다.

(4) 성모와 결합할 때 사라지는 운모

① iou : 가운데 o를 뺍니다.   j + iou → jiu   x + iou → xiu
② uei : 가운데 e를 뺍니다.   h + uei → hui   d + uei → dui
③ uen : 가운데 e를 뺍니다.   c + uen → cun   h + uen → hun

(5) j, q, x + ü → j, q, x + u

j, q, x가 ü나 ü로 시작되는 모음과 결합할 때 ü 위의 두 점을 떼어 줍니다. 발음은 변하지 않습니다.

ju   qu   xu
jue que xue
jun qun xun

2

어순 탄탄 기초 회화

어순 잡는 기초 공부 Tip!

중국어 문장은 어순만 알면 쉽게 만들 수 있답니다. 2부 총 열 과는 가장 간단한 한 문장 회화로 중국어에 쉽게 접근할 수 있고, 중국어 문장 뼈대가 어떻게 구성되는지 알 수 있는 필수 회화문으로 구성하였습니다. 필수 기초 회화는 모두 달달 외우고, 고쌤의 어법노트를 통해 필수 어법 사항을 정리해 보세요. 어순을 알면 중국어 문장이 보입니다~! ^^

2부 목차

1과 你好! 안녕하세요! • 27 / 2과 你做什么? 당신 뭐 하세요? • 37 / 3과 我是韩国人。나는 한국인입니다. • 47 / 4과 这是什么? 이것은 무엇입니까? • 57 / 5과 你在哪儿? 당신은 어디에 있나요? • 67 / 6과 有没有? 있어요 없어요? • 77 / 7과 你要几斤? 몇 근 드릴까요? • 87 / 8과 这个多少钱? 이것 얼마에요? • 97 / 9과 现在几点? 지금 몇 시에요? • 107 / 10과 今天几月几号? 오늘이 몇 월 몇 일이죠? • 117

Shì shàng wú nán shì, zhǐ pà yǒu xīn rén.
世 上 无 难 事，只 怕 有 心 人。
세상에서 뜻 있는 사람보다 더 두려운 것은 없다.

● 학습목표
1. 인사말과 안부표현
2. 형용사 술어문 ①
3. 你好와 你好吗차이점 알기

01 Nǐ hǎo! 你好! 안녕하세요!

Nǐ hǎo!
你 好!   안녕!

Nǐ hǎo!
你 好!   안녕!

이번 과의 핵심 문장

Nǐ hǎo!
你好! 안녕! 〈가장 쉬운 인사말〉

안녕? 하고 언제 어디서나 가볍게 사용할 수 있는 인사말입니다. 好 hǎo는 원래 '좋다'는 뜻의 형용사이지만, 이 때는 관용적인 인사말로 쓰입니다. 「你好」에는 「你好」로 대답하면 되는데, 상황에 따라 你 nǐ 자리에 상대를 부르는 호칭이나 다양한 인칭 혹은 시제를 넣기도 한답니다.

27

 # 한 문장 말하기

❖ Point Box

Nǐ hǎo.
你好。
안녕? 안녕하세요?

* 제3성 + 제3성 → 제2성 + 제3성으로 변합니다. Nǐ hǎo → Ní hǎo로 읽으세요.

Nín hǎo.
您好。
안녕하십니까?

* 您(nín)은 처음 만난 사람이나 관계가 가깝지 않은 손윗사람에게 사용하는 호칭입니다. '당신'이란 뜻이죠.

Nǐmen hǎo.
你们好。
너희들 안녕?

* 们(men)은 복수형을 만들어주는 접미사!

Lǎoshī hǎo.
老师好。
선생님 안녕하세요?

Dàjiā hǎo.
大家好。
여러분 안녕하십니까?

* 大家(dàjiā)는 '대가'나 '명망 있는 집'이 아니라, 「여러분」이라는 호칭이랍니다.

生词 New words

你 nǐ 너　　好 hǎo 좋다, 안녕하다　　您 nín 당신　　你们 nǐmen 너희들, 당신들
老师 Lǎoshī 선생님　　大家 dàjiā 여러분

 어순 탄탄 필수 기초 회화

1

A Nǐ hǎo ma?
   你 好 吗?
   잘 지내세요?

B Wǒ hěn hǎo. Nǐ ne?
   我 很 好。你 呢?
   잘 지냅니다. 당신은요?

A Wǒ yě hěn hǎo.
   我 也 很 好。
   저도 잘 지냅니다.

2

A Nǐ jiārén dōu hǎo ma?
   你 家人 都 好 吗?
   당신 가족은 모두 잘 지냅니까?

B Tāmen yě dōu hěn hǎo. Xièxie!
   他们 也 都 很 好。谢谢!
   그들 모두 잘 지냅니다. 고맙습니다.

生词 New words

很 hěn 매우   吗 ma ~입니까?   呢 ne ~는?   也 yě ~도, 역시
家人 jiārén 가족, 식구   他们 tāmen 그들   都 dōu 모두   谢谢 xièxie 고맙습니다

꼼꼼 강의 노트

① 你好吗? 　잘 지내세요?
_{Nǐ hǎo ma?}

앞에서 배운 '你好(nǐ hǎo)!' 뒤에 '吗(ma)'자가 하나 붙었습니다. 평서문 뒤에 吗가 붙으면 의문문이 됩니다. '너 잘 지내니?'라는 뜻으로, 안부를 묻는 말이랍니다.

你好吗? (Nǐ hǎo ma?) ➡ 我很好。(Wǒ hěn hǎo.)

你妈妈好吗? (Nǐ māma hǎo ma?) ➡ 她很好。(Tā hěn hǎo.)

② 我很好, 你呢? 　잘 지냅니다. 당신은요?
_{Wǒ hěn hǎo, nǐ ne?}

'나는 잘 지내.'라고 대답할 때, '我很好。(Wǒ hěn hǎo.)'는 '형용사술어문'입니다. 중간에 들어간 很(hěn)은 원래 '매우'라는 뜻이지만, 형용사 술어문의 긍정형에 쓰이면 원래의 의미를 잃습니다. 你呢(Nǐ ne)?의 呢(ne)는 문장의 앞뒤 맥락을 통해 술어를 생략할 수 있을 때 쓰이는 의문 어기조사입니다.

妈妈呢? (Māma ne?) 　엄마는?

弟弟呢? (Dìdi ne?) 　남동생은?

③ 我也很好。　저도 잘 지냅니다.
_{Wǒ yě hěn hǎo.}

也(yě)는 '~도' '역시'라는 뜻의 부사에요. 주어 뒤, 술어 앞에 놓여 '~도 어떠하다'라는 의미를 갖게 해 준답니다.

他也很好。(Tā yě hěn hǎo.) 　그도 잘 지내요.

爸爸也很好。(Bàba yě hěn hǎo.) 　아빠도 잘 지내세요.

④ <small>Nǐ jiārén dōu hǎo ma?</small>
你家人都好吗? 　당신 가족은 모두 잘 지냅니까?

都(dōu)는 '모두, 다'라는 뜻이에요. 也(yě)와 마찬가지로 부사이기 때문에 주어 뒤, 술어 앞에 놓이지요.

⑤ <small>Tāmen yě dōu hěn hǎo, xièxie.</small>
他们也都很好,谢谢。 　그들 모두 잘 지냅니다. 고맙습니다.

也(yě)와 都(dōu)가 함께 쓰일 때는 也都(yě dōu)의 순서로 쓰인다는 점 기억해두세요.

<small>Tāmen dōu hěn hǎo.</small>
他们 都 很 好。　그들은 다 잘 지내요.
<small>Tāmen yě dōu hěn hǎo.</small>
他们 也 都 很 好。　그들도 다 잘 지내요.

새단어
妈妈 māma 엄마　　弟弟 dìdi 남동생　　爸爸 bàba 아빠
我们 wǒmen 우리들　　你们 nǐmen 너희들, 당신들

고쌤의 어법 노트

1 你好! vs 你好吗?

你好는 영어의 'Hi!' 와 같고 你好吗?는 'How are you?' 와 같습니다. 你好에는 你好로 대답하면 되지만, 你好吗?는 안부를 묻는 인사말이기 때문에 어떻게 지내는지 대답을 해야 합니다. 「我很好, 谢谢。(I'm fine, thank you!)」 이외에, 아래와 같은 표현들도 많이 쓰인답니다.

Hěn hǎo, hěn hǎo.
很好, 很好。   잘 지내요. 아주 좋습니다.

Hái hǎo. / Hái xíng.
还好。/ 还行。   그런대로 잘 지냅니다.

Mǎmǎ hūhū.
马马虎虎。   그럭저럭요.

Lǎo yàngzi.
老样子。   늘 그렇죠 뭐.

2 형용사 술어문

형용사 술어문은 말 그대로 형용사가 전체 문장의 술어가 되는 문장입니다. 이번 과에서 배운 '我很好.'는 대표적인 형용사 술어문이지요.

주어	정도부사	형용사술어
我 ＋	很 ＋	好。
나는	(매우)	잘 지내요.

형용사 술어문 긍정형의 기본문형

> **참고**
> 형용사 술어문에서는 형용사 앞에 반드시 很 같은 '정도부사'를 붙여서 술어를 만들어주는데요. 그 이유는 중국어의 형용사가 정도부사 없이 단독으로 술어가 되면 단순한 서술문이 아니라, '비교'나 '대조'의 의미를 갖게 되기 때문입니다. 예를 들어, 贵(guì)라는 형용사는 '비싸다'라는 뜻인데, 很이 있을 때와 없을 때의 차이를 한번 느껴보세요.

Zhège hěn guì.
这个 很 贵。 이것은 비싸다.

Zhège guì.
这个 贵。 이게 비싸다.

> **새단어**
> 还 hái 그런대로　　行 xíng 괜찮다, 좋다
> 马马虎虎 mǎmǎhūhū 그럭저럭　　老 lǎo 늘　　样子 yàngzi 모양, 모습
> 这个 Zhège, Zhèige 이것

의문문이나 부정문에서는 보통은 정도부사를 붙이지 않지만, 만약 很이 붙으면 '매우'라는 의미를 갖게 됩니다.

의문문
Zhège guì ma?
这个 贵 吗? 이거 비싸요?

부정문
Zhège bú guì.
这个 不 贵。 이거 안 비싸요.

한 가지 더! 의문문을 만드는 방법이 또 하나 있습니다. 술어의 긍정형과 부정형을 반복해서 써 주는 방법인데요. 우리말이랑 대조해 보면 정말 비슷합니다.

정반 의문문
Zhège guì bu guì?
这个 贵 不 贵? 이것 비싸요 안 비싸요?

● 주의 : 정반의문문에서 不는 경성으로 읽습니다.

* 형용사 술어문의 예

忙 máng 바쁘다

의문문 Nǐ máng ma?
你 忙 吗? 바쁘세요?

Nǐ máng bu máng?
你 忙 不 忙?

긍정문 Wǒ hěn máng.
我 很 忙。 나는 바쁩니다.

부정문 Wǒ bù máng.
我 不 忙。 난 안 바쁩니다.

累 lèi 피곤하다

의문문 Nǐ lèi ma?
你 累 吗? 피곤하세요?

Nǐ lèi bu lèi?
你 累 不 累?

긍정문 Wǒ hěn lèi.
我 很 累。 나는 피곤합니다.

부정문 Wǒ bú lèi.
我 不 累。 난 안 피곤해요.

困 kùn 졸리다

의문문 Nǐ kùn ma?
你 困 吗? 너 졸리니?

Nǐ kùn bu kùn?
你 困 不 困? 졸려요 안 졸려요?

긍정문 Wǒ hěn kùn.
我 很 困。 나는 졸려요.

부정문 Wǒ bú kùn.
我 不 困。 나는 안 졸려요.

새단어   忙 máng 바쁘다   累 lèi 피곤하다   困 kùn 졸리다

문형 연습

* 치환 연습을 하면서, 보기와 같이 답을 써 보세요.

1 인사말 연습

你好吗? Nǐ hǎo ma? → 我很好。Wǒ hěn hǎo.

他 Tā	→	(그는 잘 지내요.)
你妈妈 Nǐ māma	→	(우리 엄마는 잘 지내세요.)
你家人 Nǐ jiārén	→	(우리 가족은 잘 지내요.)

2 형용사 술어문 연습

① 你好吗? Nǐ hǎo ma? → 我很好。Wǒ hěn hǎo.

忙 máng	→	(나는 바빠요.)
累 lèi	→	(나는 피곤해요.)
饿 è	→	(나는 배고파요.)

② 这个贵吗? Zhège guì ma? → 这个不贵。Zhège bú guì.

便宜 piányi	→	(이것은 싸지 않다.)
大 dà	→	(이것은 크지 않다.)
小 xiǎo	→	(이것은 작지 않다.)

生词 New words

饿 è 배고프다   便宜 piányi 싸다   大 dà 크다   小 xiǎo 작다

발음 연습

1 다음 발음을 잘 듣고 성조 기호를 붙여 보세요.

① hen hao　　② jiaren　　③ xiexie　　④ gui

2 반3성 연습

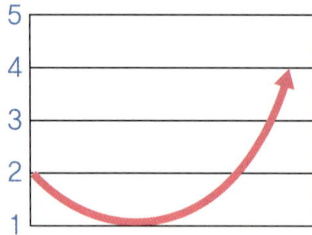

제3성: 2 → 1 → 4
반3성: 2 → 1

제3성 뒤에 다른 성조가 이어질 경우, 앞의 3성은 낮은 부분까지만 발음해 주고 뒤의 살짝 올리는 부분은 생략하게 됩니다. 이것을 반3성이라고 합니다. 다음 문장을 잘 듣고 따라 읽어 봅시다.

① hěn máng　　很忙　　바쁘다
② hěn piányi　　很便宜　값이 싸다
③ hěn lèi　　　很累　　피곤하다
④ hěn è　　　　很饿　　배고프다

● 학습목표
1. 여러 가지 동사 익히기
2. 동사 술어문 ①

你做什么?
Nǐ zuò shénme?

당신 뭐 하세요?

你 做 什么?   뭐 하세요?
Nǐ zuò shénme?

我 上 网。   인터넷 해요.
Wǒ shàng wǎng.

이번 과의 핵심 문장

你做什么? Nǐ zuò shénme? 뭐 해? / 뭐 하세요?

친구에게 전화 걸고서 가장 먼저 하는 말, 你做什么 Nǐ zuò shénme? 아닐까요? 做 zuò는 무언가를 '하다', 什么 shénme는 '무엇'이라는 의문사입니다. 이번 과에서는 「你做什么?」에 응답할 수 있는 여러 가지 동사 표현과 동사 술어문의 기본 문형을 익혀봅니다.

37

 ## 한 문장 말하기

Point Box

Nǐ zuò shénme?
你 做 什么?
너 뭐하니?

* 什么(shénme)는 '무엇'이라는 의문사. 의문사가 있을 때는 吗(ma)가 필요 없어요.

Wǒ wán diànnǎo.
- **我 玩 电脑。**
- 나 컴퓨터 해.

* 玩(wán)은 '놀다'인데, 중국인들은 컴퓨터하는 것을 '컴퓨터로 놀다'라고 해요. 「玩电脑游戏(wán diànnǎo yóuxi)」는 '컴퓨터 게임을 하다'.

Wǒ niàn shū.
- **我 念 书。**
- 나 공부해.

* 念(niàn) 소리내어 읽다. 念书(niàn shū) 책을 소리내어 읽다/공부하다. 옛날 공부방식은 큰 소리로 읽는 것이었지요.

Wǒ chī fàn.
- **我 吃 饭。**
- 나 밥 먹어.

Wǒ mǎi dōngxi.
- **我 买 东西。**
- 나 물건 사.

* 东西(dōngxi)는 '동쪽과 서쪽'이 아니라 '물건'이라는 뜻이에요. 성조에 주의하세요. 东西의 西는 경성!

生词 New words

做 zuò 하다　什么 shénme 무엇　玩 wán 놀다　电脑 diànnǎo 컴퓨터　念 niàn 읽다
书 shū 책　吃 chī 먹다　饭 fàn 밥　买 mǎi 사다　东西 dōngxi 물건

어순 탄탄 필수 기초 회화

1

A Nǐ kàn shénme?
   你 看 什么?
   너 뭐 봐?

B Wǒ kàn diànshì.
   我 看 电视。
   나 TV 봐.

A Nǐ kàn shénme jiémù?
   你 看 什么 节目?
   무슨 프로그램 보는데?

B Wǒ kàn diànshìjù.
   我 看 电视剧。
   드라마 봐.

2

A Nǐ qù nǎr?
   你 去 哪儿?
   어디 가세요?

B Wǒ qù shāngdiàn.
   我 去 商店。
   가게에 갑니다.

A Nǐ mǎi shénme dōngxi?
   你 买 什么 东西?
   뭐 사시는데요?

B Wǒ mǎi qiǎokèlì.
   我 买 巧克力。
   초콜렛 사려구요.

生词 New words

看 kàn 보다   电视 diànshì 텔레비전   节目 jiémù 프로그램   电视剧 diànshìjù 연속극
去 qù 가다   哪儿 nǎr 어디   商店 shāngdiàn 상점   买 mǎi 사다
巧克力 qiǎokèlì 초콜렛

꼼꼼 강의 노트

① 你看什么? Nǐ kàn shénme?   너 뭐 봐?

앞에서 배운 做(zuò) 대신 이제부터는 구체적인 동사가 들어갑니다. 看(kàn)은 '보다' 라는 뜻이지요. 중국어에서 의문사는 물어보고 싶은 말이 있는 그 자리에 들어갑니다. 영어처럼 의문사의 위치 이동이 필요 없어요.

② 我看电视。 Wǒ kàn diànshì 나 TV 봐.

「주어 + 동사 + 목적어」 전형적인 중국어의 문장 구조로 되어 있네요. 중국어에서는 동사가 목적어 앞에 나온다는 것, 꼭 기억하세요.

③ 你看什么节目? Nǐ kàn shénme jiémù?   무슨 프로그램 보는데?

문장이 확장 되었네요. 什么(shénme)는 단독으로 의문대사로 쓰이기도 하지만, '什么+명사' 의 구조로 명사를 수식해주기도 합니다.

你看什么书? Nǐ kàn shénme shū?   너 무슨 책 봐?
你听什么音乐? Nǐ tīng shénme yīnyuè?   너 무슨 음악 들어?

④ 我看电视剧。 Wǒ kàn diànshìjù.   드라마 봐.

电视剧(diànshìjù)는 TV 연속극입니다. '连续剧(liánxùjù, 연속극)' 라고도 해요.

⑤ Nǐ qù nǎr?
你去哪儿?　　어디 가세요?

哪儿(nǎr) 은 '어디' 라는 뜻으로 장소를 나타내는 의문대사입니다.

⑥ Wǒ qù shāngdiàn.
我去商店。　　가게에 갑니다.

상점을 뜻할 때는 항상 店(diàn) 이라는 말이 뒤에 온답니다.

　　Wǒ qù yǎnjìngdiàn.
　　我 去 眼镜店。　　나는 안경점에 가.
　　Wǒ qù yàodiàn.
　　我 去 药店。　　나는 약국에 가.

⑦ Nǐ mǎi shénme dōngxi?
你买什么东西?　　뭐 사시는데요?

여기서도 「什么 + 명사」 의 구조로 쓰였죠? 什么东西(shénme dōngxi) '무슨 물건' 이라는 뜻입니다.

⑧ Wǒ mǎi qiǎokèlì.
我买巧克力。　　초콜렛 사려구요.

巧克力(qiǎokèlì), 초콜렛을 한자로 썼네요. 발음이 영어의 초콜렛과 비슷하죠? 이런 단어는 한자의 음을 따다 썼다고 하여 '음역자' 라고 합니다.

새단어

听 tīng 듣다　　音乐 yīnyuè 음악　　眼镜店 yǎnjìngdiàn 안경점
药店 yàodiàn 약국

 고쌤의 어법 노트

1 동사 술어문 ❶

중국어 문장의 가장 간단한 기본 어순은 「주어+술어+목적어」입니다. 술어가 형용사면 '형용사술어문', 술어가 동사면 '동사술어문' 이 됩니다. 이번 과에서 배운 문장 형식이 바로 '동사 술어문' 입니다. 다음은 중국어와 한국어 문장의 어순을 비교해 놓았습니다.

	(중) 주어	동사	목적어	(한) 주어	목적어	동사
예 1		看。				봅니다.
	我	看。		나는		봅니다.
	我	看	书。	나는	책을	봅니다.
예 2		去。				갑니다.
	我	去。		나는		갑니다.
	我	去	商店。	나는	상점에	갑니다.

의문문과 부정문을 만드는 형식은 형용사 술어문과 같습니다.

의문문
Nǐ kàn ma? / Nǐ kàn bu kàn?
你看吗? / 你看不看? 너 보니? / 너 보니 안 보니?

Nǐ qù ma? / Nǐ qù bu qù?
你去吗? / 你去不去? 너 가니? / 너 가니 안 가니?

부정문
Wǒ bú kàn.
我不看。 나 안 봐.

Wǒ bú qù.
我不去。 나 안 가.

2 什么 + 명사

什么는 단독으로 목적어로 사용되기도 하지만, 명사를 수식해 줄 수도 있습니다. 의문사로서의 역할은 그대로 하기 때문에 전체 문장은 의문문이 됩니다.

Nǐ kàn shénme shū?
你 看 什么 书? 당신은 무슨 책을 봅니까?

Nǐ kàn shénme jiémù?
你 看 什么 节目? 당신은 무슨 프로그램을 봅니까?

Tā tīng shénme gē?
他 听 什么 歌? 그는 무슨 노래를 들어요?

 歌 gē 노래

3 세 종류의 의문문 연습

중국어에는 기본적으로 세 가지의 의문문이 존재합니다. 吗의문문과 정반 의문문, 의문사를 쓰는 의문문입니다. 이번 과에 나왔던 동사들을 사용해서 의문문을 만드는 방식을 정리해 보세요.

吗의문문	정반의문문	의문사 의문문
zuò ma? 做吗? ➡	zuò bu zuò? 做不做? ➡	zuò shénme? 做什么?
qù ma? 去吗? ➡	qù bu qù? 去不去? ➡	qù nǎr? 去哪儿?
mǎi ma? 买吗? ➡	mǎi bu mǎi? 买不买? ➡	mǎi shénme? 买什么?
chī ma? 吃吗? ➡	chī bu chī? 吃不吃? ➡	chī shénme? 吃什么?

kàn ma?	kàn bu kàn?	kàn shénme?
看吗? ➡	看不看? ➡	看什么?
tīng ma?	tīng bu tīng?	tīng shénme?
听吗? ➡	听不听? ➡	听什么?
shuō ma?	shuō bu shuō?	shuō shénme?
说吗? ➡	说不说? ➡	说什么?

Tip & tips

한자로 외래어 번역하기

巧克力 qiǎokèlì, 초콜렛 발음이 영 어색합니다. 그래도 영어의 '초콜렛'과 비슷하게 발음되는 한자를 따서 썼지요? 게다가 힘 력(力)자를 넣어서 초콜렛을 먹으면 힘이 난다는 암시를 주고 있습니다. 중국인들은 사물이건 사람 이름이건 영어를 그대로 쓰지 않고 한자로 바꾸어 표기합니다. 표의문자인 한자의 기능을 한껏 살려서, 단지 소리만 비슷한 한자를 빌려 쓰는 것이 아니라 듣기에도 좋고 의미도 적합한 한자를 골라 상품명을 지으려고 노력하지요.

可口可乐	Kěkǒu kělè	코카콜라 (입을 즐겁게 하다)
百事可乐	Bǎishì kělè	펩시콜라 (모든 일이 잘 되다)
热狗	règǒu	핫도그 (hot dog를 그대로 의역)

문형 연습

* 보기와 같이 한자와 병음으로 답을 써 보세요.

1. 동사 술어문 연습

① 你看吗? Nǐ kàn ma? → 我看。Wǒ kàn.

听 tīng	→	(나는 듣는다.)
说 shuō	→	(나는 말한다.)
读 dú	→	(나는 읽는다.)
写 xiě	→	(나는 쓴다.)

② 你看什么? Nǐ kàn shénme? → 我看书。Wǒ kàn shū.

杂志 zázhì	→	(나는 잡지를 본다.)
电视 diànshì	→	(나는 TV를 본다.)
电视剧 diànshìjù	→	(나는 드라마를 본다.)
报 bào	→	(나는 신문을 본다.)

2. 어디에 가는지 말하기

你去哪儿? Nǐ qù nǎr? → 我去商店。Wǒ qù shāngdiàn.

药店 yàodiàn	→	(나는 약국에 간다.)
医院 yīyuàn	→	(나는 병원에 간다.)
学校 xuéxiào	→	(나는 학교에 간다.)
公司 gōngsī	→	(나는 회사에 간다.)

生词 New words

读 dú 읽다　　写 xiě 쓰다　　杂志 zázhì 잡지　　报 bào 신문　　医院 yīyuàn 병원
学校 xuéxiào 학교　　公司 gōngsī 회사

발음 연습

1 녹음을 잘 듣고 발음이 나오는 순서대로 번호를 붙여보세요.

ā　　　yí　　　wǔ　　　yǔ　　　è
(　)　　(　)　　(　)　　(　)　　(　)

2 다음 중 성조를 틀리게 읽은 것을 찾아보세요.

① xiě　　② mǎi　　③ qù　　④ kàn

3 不는 원래 제4성이지만, 뒤에 4성이 오면 2성으로 변합니다. 다음을 잘 들으며 변화된 성조로 읽어 보세요.

① bú qù　　不去　안 간다
② bú kàn　不看　안 본다
③ bú lèi　　不累　피곤하지 않다
④ bú è　　　不饿　배고프지 않다

4 이번 과에서 나온 동사 + 목적어 구입니다. 잘 듣고 따라 읽으며 오른쪽에 병음과 뜻을 써 보세요.

　　　　　　　병음　　　　　뜻

① 念书　　_____　_____
② 吃饭　　_____　_____
③ 买东西　_____　_____
④ 去商店　_____　_____
⑤ 买巧克力　_____　_____

● 학습목표 | 1. 내가 누구인지 말하기
           | 2. 동사 술어문 ② – 是 자문

Wǒ shì Hánguó rén.
我是韩国人。 나는 한국인입니다.

Nǐ shì nǎ guó rén?
你 是 哪 国 人? 당신은 한국인입니까?

Wǒ shì Hánguórén.
我 是 韩国人。 나는 한국인입니다.

이번 과의 핵심 문장

Wǒ shì Hánguó rén.
我是韩国人。 나는 한국인이다!

외국에 나가면 내가 한국인임을 더욱 실감하게 됩니다. 나를 대변할 수 있는 그 어떤 것보다, '한국인' 이라는 말로 먼저 규정되거든요.

"你是哪国人?"　　Nǐ shì nǎ guó rén?　　어느 나라 사람이에요?
"我是韩国人。"　　Wǒ shì Hánguó rén.　　한국 사람이에요.
"啊! 韩国小姐!"　　À! Hánguó xiǎojie!　　아, 한국 아가씨군요!
"… 。(我 = 韩国)"　… (Wǒ = Hánguó)　　… (나 = 한국)

 ## 한 문장 말하기

❖ **Point Box**

Shì.
是。
예.

* 是(shì)나 不是(bú shì)는 단독으로 쓰일 수 있습니다.
  是 = Yes, 不是 = No.

Bú shì.
不 是。
아니오.

Nǐ shì nǎ guó rén?
你 是 哪 国 人?
어느 나라 사람이세요?

* 哪(nǎ)는 '어느'라는 의문대사입니다. 哪国人(nǎ guó rén) 어느 나라 사람.

Wǒ shì Hánguó rén.
我 是 韩国 人。
나는 한국 사람입니다.

Wǒ bú shì Zhōngguó rén.
我 不 是 中国 人。
나는 중국 사람이 아닙니다.

生词 New words

是 shì ~이다   不 bù 아니다   哪 nǎ 어느   人 rén 사람
고유명사 >> 韩国 Hánguó 한국   中国 Zhōngguó 중국

어순 탄탄 필수 기초 회화

1
A 你是日本人吗?
　Nǐ shì Rìběn rén ma?
　당신은 일본인입니까?

B 不是, 我是韩国人。
　Bú shì, wǒ shì Hánguó rén.
　아니오, 나는 한국인입니다.

2
A 他是老师吗?
　Tā shì lǎoshī ma?
　그는 선생님입니까?

B 他不是老师, 他是学生。
　Tā bú shì lǎoshī, tā shì xuésheng.
　그는 선생님이 아니라 학생입니다.

3
A 你们是不是大学生?
　Nǐmen shì bu shì dàxuéshēng?
　당신들은 대학생입니까 아닙니까?

B 不是, 我们是公司职员。
　Bú shì, wǒmen shì gōngsī zhíyuán.
　아닙니다. 우리는 회사원입니다.

生词 New words

老师 lǎoshī 선생님　　学生 xuésheng 학생　　大学生 dàxuéshēng 대학생
公司职员 gōngsī zhíyuán 회사원　　고유명사》 日本 Rìběn 일본

꼼꼼 강의 노트

① 你是日本人吗? (Nǐ shì Rìběn rén ma?) 당신은 일본인입니까?

문장 끝에 吗(ma)를 붙이면 의문문이 된다고 배웠습니다. 「是~吗?」는 是자문의 의문형식입니다.

你是美国人吗? (Nǐ shì Měiguó rén ma?) 당신은 미국인입니까?
她是日本人吗? (Tā shì Rìběn rén ma?) 그녀는 일본인입니까?

② 不是, 我是韩国人。 (Bú shì, wǒ shì Hánguó rén.) 아니오, 나는 한국인입니다.

「不是。Bú shì.」 또는 「不。bù.」는 '아니다' 라는 부정의 대답입니다.

③ 他是老师吗? (Tā shì lǎoshī ma?) 그는 선생님입니까?

「老师(lǎoshī)」는 '선생님'을 호칭하는 단어랍니다. 예전에는 우리처럼 '先生'(선생) 이라는 단어로 썼지만, 지금은 「老师」로 통칭합니다. 앞에 보통 성을 붙여서 부릅니다.

王老师好! (Wáng lǎoshī hǎo!) 왕 선생님 안녕하세요?
您是高老师吗? (Nín shì Gāo lǎoshī ma?) 당신이 고 선생님이신가요?

④ _{Tā bú shì lǎoshī, tā shì xuésheng.}
他不是老师，他是学生。　　그는 선생님이 아니라 학생입니다.

학생이라는 단어는 学生(xuésheng)입니다. 초등학교부터 대학생까지 어떻게 구분하는지 배워봅시다.

초등학교 **小学** xiǎoxué	초등학생 **小学生** xiǎoxuéshēng	중학교 **初中** chūzhōng	중학생 **初中生** chūzhōngshēng
고등학교 **高中** gāozhōng	고등학생 **高中生** gāozhōngshēng	대학교 **大学** dàxué	대학생 **大学生** dàxuéshēng

⑤ _{Nǐmen shì bu shì dàxuéshēng?}
你们是不是大学生？　　당신들은 대학생입니까 아닙니까?

是자문도 정반 의문문으로 만들어줄 수 있습니다. 정반 의문문의 경우에는 문장 끝에 吗를 붙이지 않습니다.

_{Nǐ shì bu shì dàxuéshēng ma?}
你 是 不 是 大学生 吗？ (×)

⑥ _{Bú shì, wǒmen shì gōngsī zhíyuán.}
不是，我们是公司职员。　　아닙니다. 우리는 회사원입니다.

회사는 公司(gōngsī), 회사원은 公司职员(gōngsī zhíyuán)입니다.

고쌤의 어법 노트

1 동사술어문 ② 是자문

'나는 한국인입니다.', '나는 학생입니다.', '나는 ○○○ 입니다.' …
자신을 소개할 때는 국적이나 성별, 직업 등의 여러 가지 말로 설명합니다. 이럴 때 쓰는 동사가 바로 是(shì)랍니다. '~이다' 라는 뜻으로, 인칭이나 수, 시제 등에 따른 형태 변화 없이 편하게 사용할 수 있습니다.

의문문
Nǐ shì Hánguó rén ma?
你 是 韩国人 吗?   당신은 한국인입니까?

Nǐ shì bu shì Hánguó rén?
你 是 不 是 韩国 人?   당신은 한국인입니까 아닙니까?

긍정문
Wǒ shì Hánguó rén.
我 是 韩国 人。   나는 한국인입니다.

부정문
Wǒ bú shì Hánguó rén.
我 不 是 韩国 人。   나는 한국인이 아닙니다.

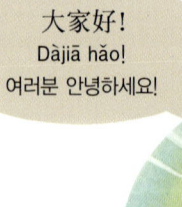

大家好!
Dàjiā hǎo!
여러분 안녕하세요!

我是乐乐。
Wǒ shì Lèle.
저는 러러에요.

我是大学生。
Wǒ shì dàxuéshēng.
나는 대학생에요.

我是中国人。
Wǒ shì Zhōngguó rén.
중국인이구요.

• 여러분도 간단한 자기소개문을 만들어 외워보세요.

인삿말	_____
이름	_____
국적	_____
직업	_____

2 국적을 묻는 말 '你是哪国人?'

어느 = 哪, 나라 = 国, 사람 = 人, 다 붙이면 「哪国人 nǎ guó rén」 입니다. 이때 哪는 의문사이기 때문에 哪国人은 자동으로 의문문이 됩니다.

> **참고** 중국어에서는 영어처럼 문장 앞에 의문사가 나오는 것이 아니라, 문장 속에서 필요한 곳에 의문사를 바로 넣어주면 된답니다. 이런 면에서는 한국어와 같다고 볼 수 있지요.

→ Nǐ shì nǎ guó rén?
  你 是 哪 国 人?

Hánguó rén
韩国人
한국인

Zhōngguó rén
中国人
중국인

Rìběn rén
日本人
일본인

Měiguó rén
美国人
미국인

Yìndù rén
印度人
인도인

Fēizhōu rén
非洲人
아프리카 사람

Tip & tips

'중국'의 국명은 언제부터 쓰였고 의미는 무엇인가요? 중국의 공식 국호는 1949년 건국 당시 '중화인민공화국(中华人民共和国)'으로 정해졌습니다. 줄여서 '중국(中国)'이라고 부르지요. 그 이전 1911년 10월 10일 신해혁명으로 세워진 '중화민국(中华民国)'에서 '중화'라는 이름을 최초로 국명에 사용하기 시작하였습니다. 옛 경전 〈서경〉 편에는 '관복의 문양과 색이 아름다웠기 때문이 '화(华)'라 하였고, 대국이었기 때문에 '하(夏)'라 하였다'라는 기록이 나옵니다. 예악을 중시하던 고대국가에서 그에 걸맞은 아름다운 관복을 갖추고 있었다는 기록은 '화하(华夏)'라는 것이 바로 문화를 가진 대국이었다는 것을 뜻합니다. 그렇다면 '중화(中华)'는 '사방의 중앙에 위치한 문화를 가진 민족'이라는 뜻이 됩니다. 곧 '중화'란 주변의 타민족과 비교하여 자신들의 문화적 우월성을 나타내는 말로서, 이러한 중화 사상은 중국인들의 의식 속에 뿌리 박혀 있습니다.

문형 연습

* 보기처럼 바꿔 써 보세요.

 是자문 연습

① 我 是 学生。 → 我 不是 学生。

我妹妹　小学生　→
wǒ mèimei　xiǎoxuéshēng
(내 여동생은 초등학생이 아니에요.)

我姐姐　大学生　→
wǒ jiějie　dàxuéshēng
(내 언니는 대학생이 아니에요.)

我哥哥　公司职员　→
wǒ gēge　gōngsī zhíyuán
(내 형은 회사원이 아니에요.)

② 你 是 老师 吗? → 你 是不是 老师?

他　王老师　→
Tā　Wáng lǎoshī
(그는 왕 선생님입니까 아닙니까?)

她　张老师　→
Tā　Zhāng lǎoshī
(그녀는 장 선생님입니까 아닙니까?)

你们　公司职员　→
Nǐmen　gōngsī zhíyuán
(당신들은 회사원입니까 아닙니까?)

* 괄호 안의 나라를 넣어 대답을 써 보세요.

 나라 이름 말하기 연습

你 是 哪 国 人? → 我 是 韩国人。
Nǐ shì nǎ guó rén　　　Wǒ shì Hánguó rén

他　(日本人)　→
Tā　(Rìběn rén)
(그는 일본인입니다.)

她　(美国人)　→
Tā　(Měiguó rén)
(그녀는 미국인입니다.)

王 老师　(中国人)　→
Wáng lǎoshī　(Zhōngguó rén)
(왕 선생님은 중국인입니다.)

生词　New words

妹妹 mèimei 여동생　　姐姐 jiějie 언니, 누나　　哥哥 gēge 오빠, 형　　张 Zhāng 성씨 장

# 발음 연습

1 녹음을 잘 듣고 둘 중 맞는 발음을 고르세요.

① chī   qī   ② tū   dū   ③ pā   bā   ④ zhī   zī

2 다음 단어의 발음을 잘 듣고 병음을 써 보세요.

① 老师　　_____
② 学生　　_____
③ 公司职员　_____
④ 哪国人　_____

3 고유명사의 첫 글자의 병음은 대문자로 씁니다. 사람 이름은 성과 이름을 띄어 쓰고, 각각의 첫 글자를 대문자로 써야 합니다. 다음 고유명사를 잘 듣고 보기를 참고하여 병음을 써 보세요.

| 나라이름： | 中国 | Zhōngguó | 중국 |
| 사람이름： | 毛泽东 | Máo Zédōng | 마오저뚱(모택동) |

① 加拿大　_____　캐나다
② 意大利　_____　이탈리아
③ 成龙　　_____　청룽(성룡)
④ 邓小平　_____　덩샤오핑(등소평)

● 학습목표
1. 지시대사 这, 那
2. 의문사 谁
3. 소유, 수식관계를 만드는 的

Zhè shì shénme?
这是什么? 이것은 무엇입니까?

Zhè shì shénme?
这 是 什么?   이것은 무엇입니까?

Zhè shì Tánghúlu.
这 是 糖葫芦。   이것은 탕후루에요.

이번 과의 핵심 문장

zhè shì shénme?
这是什么?   이게 뭐에요?

중국에는 듣고 보도 못한 재미나고 맛난 먹거리들이 많습니다. 길거리 노점상에서 파는 음식들도 신기한 것들이 많은데요. 뭔지 모를 때는 주저없이 물어보세요. "这是什么?" 이게 뭐에요?

한 문장 말하기

❖ Point Box

Zhè shì shénme?
这 是 什么?
이것은 무엇입니까?

* 这(zhè)는 자기에게서 가까운 것을 가리키는 지시대사.

Zhè shì zázhì.
这 是 杂志。
이것은 잡지입니다.

Nà shì shénme?
那 是 什么?
저것은 무엇입니까?

* 那(nà)는 자기에게서 먼 것을 가리키는 지시대사.

Nà shì cídiǎn.
那 是 词典。
이것은 사전입니다.

Zhè shì wǒ de zázhì.
这 是 我 的 杂志。
이것은 나의 잡지입니다.

* 的(de)는 '~의'라는 뜻으로 소유나 수식관계를 만드는 조사.

Nà shì tā de cídiǎn.
那 是 她 的 词典。
저것은 그녀의 사전입니다.

生词 New words

这 zhè 이것　　杂志 zázhì 잡지　　那 nà 저것, 그것　　词典 cídiǎn 사전　　的 de ~의

어순 탄탄 필수 기초 회화

1

A **这是谁?**
Zhè shì shéi?
이 사람은 누구에요?

B **这是我朋友。**
Zhè shì wǒ péngyou.
이 사람은 제 친구에요.

A **那是谁?**
Nà shì shéi?
저 사람은 누구에요?

B **那是我爱人。**
Nà shì wǒ àiren.
저 사람은 내 배우자에요.

2

A **这是谁的名片?**
Zhè shì shéi de míngpiàn?
이것은 누구의 명함이죠?

B **这是我的名片。**
Zhè shì wǒ de míngpiàn.
이것은 제 명함입니다.

A **那是谁的?**
Nà shì shéi de?
저것은 누구 거죠?

B **那是他的。**
Nà shì tā de.
저것은 그의 것입니다.

生词 New words

谁 shéi 누구   朋友 péngyou 친구   爱人 àiren 배우자   名片 míngpiàn 명함

꼼꼼 강의 노트

① 这是谁? _{Zhè shì shéi?}　이 사람은 누구에요?

这(zhè)와 那(nà)는 사물과 사람을 다 지칭할 수 있습니다. 谁(shéi)는 '누구'라는 뜻으로 사람을 가리키는 의문대사입니다.

② 这是我朋友。 _{Zhè shì wǒ péngyou.}　이 사람은 제 친구에요.

朋友(péngyou)는 친구라는 뜻이죠. 남자친구는 男朋友(nánpéngyou), 여자친구는 女朋友(nǚpéngyou). 我朋友는 '나의 친구'.

③ 那是谁? _{Nà shì shéi?}　저 사람은 누구에요?

那(nà)는 나에게서 먼 것을 가리키는 지시대사.

④ 那是我爱人。 _{Nà shì wǒ àiren.}　저 사람은 내 배우자에요.

爱人(àiren)은 애인이 아니라, 배우자를 가리키는 말입니다.

⑤ 这是谁的名片? _{Zhè shì shéi de míngpiàn?}　이것은 누구의 명함이죠?

여기서 这(zhè)는 물건을 가리키지요. 물건을 가리킬 땐 '이것'으로, 사람을 가리킬 땐 '이 사람'으로 해석하면 됩니다.

❻ Zhè shì wǒ de míngpiàn.
这是我的名片。 이것은 제 명함입니다.

명함을 名片(míngpiàn)이라고 해요. 「这是我的名片。(Zhè shì wǒ de míngpiàn.)」 자기 소개할 때 명함을 건네면서 이렇게 말한답니다.

❼ Nà shì shéi de?
那是谁的? 저것은 누구 거죠?

谁(shéi)는 「누구」, 谁的(shéi de)는 「누구의 것」이라는 뜻이에요. 명사 + 的 뒤에 아무것도 오지 않으면 的 는 「~의 것」으로 해석할 수 있습니다.

    wǒ de   nǐ de   tā de
    我的 내 것   **你的** 네 것   **他的** 그의 것

❽ Nà shì tā de.
那是他的。 저것은 그의 것입니다.

他的 뒤에 아무 것도 오지 않았으므로 '그의 것' 이라고 해석하면 됩니다. 他的 뒤에 명사를 붙여볼까요?

    tā de yǎnjìng   tā de shū
    他的眼镜 그의 안경   **他的书** 그의 책

고쌤의 어법 노트

1 지시 대사

근칭	원칭	의문사
이 　这　 zhè 이것 　这个　 zhège 　　　　　　 zhèige	그, 저 　那　 nà 그것, 저것 　那个　 nàge 　　　　　　　　 nèige	어느 　哪　 nǎ 어느 것 　哪个　 nǎge 　　　　　　　 něige

- 个 : 개 (사물의 개수를 세는 양사)
- '이것', '저것', '어느 것' 의 'zhèige', 'nèige', 'něige' 는 구어에서 많이 쓰는 발음

일반적으로 자기에게서 가까운 것은 这(zhè), 먼 것은 那(nà)로 지칭합니다. '这是OO' 와 (이것/이 사람은 OO입니다), '那是OO' (저것/저 사람은 OO입니다) 모두 是자문으로, '주어 + 동사 + 목적어' 의 어순입니다.

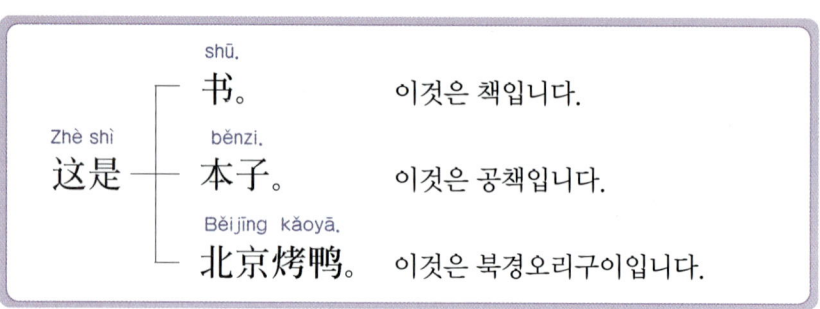

这是 ─ 书。　　　　이것은 책입니다.
Zhè shì　 shū.
　　　├ 本子。　　　이것은 공책입니다.
　　　　 běnzi.
　　　└ 北京烤鸭。　이것은 북경오리구이입니다.
　　　　 Běijīng kǎoyā.

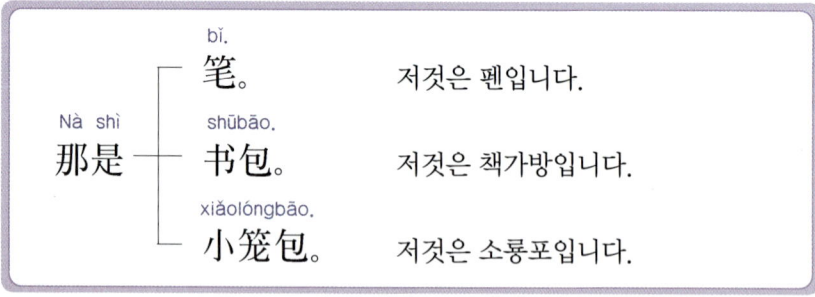

那是 ─ 笔。　　　　저것은 펜입니다.
Nà shì　 bǐ.
　　　├ 书包。　　　저것은 책가방입니다.
　　　　 shūbāo.
　　　└ 小笼包。　　저것은 소룡포입니다.
　　　　 xiǎolóngbāo.

2 소유나 수식구조를 만들어주는 的

'나의 책', '그의 안경' 처럼 소유를 나타내는 수식어구는 인칭대사 뒤에 조사 的를 붙여서 만듭니다. 이 때 的 뒤에 목적어가 오지 않으면 '인칭대사 + 的' 는 명사구가 되어서 '~의 것' 이라는 뜻이 됩니다.

wǒ de shū
我 的 书   나의 책

nǐ de běnzi
你 的 本子   너의 공책

tā de bǐ
他 的 笔   그의 펜

wǒ de
我 的   내 것

nǐ de
你 的   너의 것

tā de
他 的   그의 것

3 谁와 什么

사람에게 사용하는 의문사가 谁(누구), 사물에 사용하는 의문사가 什么(무엇) 입니다.

Zhè shì shéi?
这 是 谁?
이 사람은 누구입니까?

Nà shì shéi?
那 是 谁?
저 사람은 누구입니까?

Zhè shì shénme?
这 是 什么?
이것은 무엇입니까?

Nà shì Shénme?
那 是 什么?
저것은 무엇입니까?

Zhè shì shéi de?
这 是 谁的?
이것은 누구 것입니까?

Nà shì shéi de?
那 是 谁的?
저것은 누구 것입니까?

Zhè shì shéi de shū?
这 是 谁的书?
이것은 누구의 책입니까?

Nà shì shéi de cídiǎn?
那 是 谁的词典?
저것은 누구의 사전입니까?

 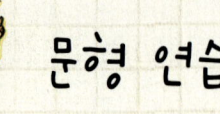

* 교체연습을 하면서, 빈칸을 채워보세요.

 지시 대사 연습

① 这 是 什么? → 这 是 书。
　　词典 cídiǎn → _____ (이것은 사전입니다.)
　　杂志 zázhì → _____ (이것은 잡지입니다.)
　　报纸 bàozhǐ → _____ (이것은 신문입니다.)

② 那 是 什么? → 那 是 书包。
　　本子 běnzi → _____ (저것은 공책입니다.)
　　笔 bǐ → _____ (저것은 펜입니다.)
　　眼镜 yǎnjing → _____ (저것은 안경입니다.)

 的의 사용

① 这 是 你 的 吗? → 这 是 我 的。
　　他 Tā → _____ (이것은 그의 것입니다.)
　　你朋友 Nǐ péngyou → _____ (이것은 내 친구 것입니다.)
　　张老师 Zhāng lǎoshī → _____ (이것은 장 선생님 것입니다.)

② 那 是 谁 的 名片? → 那 是 我 的 名片。
　　我爱人 眼镜
　　wǒ àiren yǎnjìng → _____ (저것은 내 배우자의 안경입니다.)
　　我朋友 书包
　　wǒ péngyou shūbāo → _____ (저것은 내 친구의 책가방입니다.)
　　我弟弟 笔
　　wǒ dìdi bǐ → _____ (저것은 내 남동생의 펜입니다.)

生词 New words

报纸 bàozhǐ 신문지

발음 연습

1 다음 단어의 발음을 듣고 병음을 써 보세요.

① 爱人 (　　　)
② 朋友 (　　　)
③ 名片 (　　　)
④ 杂志 (　　　)

2 다음 단어의 발음을 잘 듣고 성조 표기된 것이 맞았으면 ○표 하고, 틀렸으면 옳은 성조로 바꾸어 표기하세요.

① 书包　shūbào (　　　　)
② 报纸　bàozhǐ (　　　　)
③ 本子　běnzi (　　　　)
④ 眼镜　yǎnjǐng (　　　　)

3 성조 표기는 모음 위에 하고, a가 있으면 a위에, a가 없으면 o나 e위에, a, o, e 모두 없으면 i, u, ü 위에 표기합니다. 다음 발음을 잘 듣고, 아래의 병음에 성조를 표기해 보세요.

① Beijing kaoya
② dianying
③ nüpengyou
④ Zhongguoren

| Hint | 모음 i 위에 표기할 때는, i 위의 점을 없애고 그 자리에 표기합니다.

Memo

● 학습목표
1. 동사술어문 ③ – 在자문
2. 장소 지시사 这儿, 那儿, 哪儿
3. 여러 가지 방위사

05 你在哪儿?
Nǐ zài nǎr?
당신은 어디에 있나요?

喂, 你在哪儿? 여보세요, 너 어디야?
Wéi, nǐ zài nǎr?

我在宿舍。 나 기숙사야.
Wǒ zài sùshè.

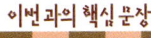

你在哪儿? 너 어디야?
Nǐ zài nǎr?

이번 과에서는 무엇이 어디에 있는지 말하는 표현을 배웁니다. 「在」가 바로 사물이나 사람의 존재를 나타내는 동사랍니다. 在(zài)는 단독으로 쓰이면 존재를 나타내고, 뒤에 장소를 가리키는 말이 나오면 '~에 있다' 라는 뜻이 됩니다. '在+장소' 꼭 외워두세요. 我在这儿! Wǒ zài zhèr! (나 여기 있어!)

한 문장 말하기

Point Box

Tā zài ma?
他 在 吗?
그 사람 있어요?

* ~在吗? (~있어요?)
전화할 때 많이 쓰는 표현이죠.
Wáng lǎoshī zài ma?
王 老师 在 吗? 왕 선생님 계세요?

Zài.
在。
있어요.

* Lèle zài ma?
乐乐 在 吗? 乐乐있어요?

Bú zài.
不 在。
없어요.

* 있으면 在(zài),
없으면 不在(bú zài).

Xǐshǒujiān zài nǎr?
洗手间 在 哪儿?
화장실이 어디에요?

* 哪儿(nǎr)은 '어디' 라는 뜻으로 장소를 물을 때 쓰는 의문대사입니다.
zài nǎr?
在 哪儿? 어디에 있어요?

Zài zhèr.
在 这儿。
여기에요. (여기에 있어요.)

* 这儿(zhèr)은 가까운 곳을 가리키는 지시대사.

Zài nàr.
在 那儿。
저기에요. (저기에 있어요.)

* 那儿(nàr)은 먼 곳을 가리키는 지시대사.

生词 New words

在 zài (~에) 있다　　洗手间 xǐshǒujiān 화장실　　哪儿 nǎr 어디　　这儿 zhèr 여기
那儿 nàr 저기, 거기

어순 탄탄 필수 기초 회화

1

A Qǐng wèn, chēzhàn zài nǎr?
请问, 车站 在 哪儿?
실례지만, 정류장이 어디죠?

B Chēzhàn zài yóujú qiánbiān.
车站 在 邮局 前边。
정류장은 우체국 앞에 있어요.

A Yóujú zài nǎr?
邮局 在 哪儿?
우체국은 어디에 있는데요?

B Yóujú jiù zài nàr.
邮局 就 在 那儿。
우체국은 바로 저기에 있네요.

2

A Nǐ de shǒujī zài nǎr?
你 的 手机 在 哪儿?
네 핸드폰은 어디에 있니?

B Wǒ de shǒujī zài shūzhuō shàngbian.
我 的 手机 在 书桌 上边。
내 핸드폰은 책상 위에 있어.

A Nà nǐ de qiánbāo zài nǎr?
那 你 的 钱包 在 哪儿?
그럼 네 지갑은 어디 있니?

B Zài kǒudài lǐbian.
在 口袋 里边。
호주머니 안에 있어.

生词 New words

请 qǐng 청하다　　问 wèn 묻다　　车站 chēzhàn 정류장　　邮局 yóujú 우체국
前边 qiánbiān 앞쪽　　就 jiù 바로, 곧　　手机 shǒujī 핸드폰　　书桌 shūzhuō 책상
那 nà 그러면　　钱包 qiánbāo 지갑　　口袋 kǒudài 호주머니

꼼꼼 강의 노트

① Qǐng wèn, chēzhàn zài nǎr?
请问, 车站在哪儿? 　실례지만, 정류장이 어디죠?

「请问 (Qǐng wèn)」은 '실례지만,' 또는 '말씀 좀 묻겠습니다' 라는 말입니다. 낯선 사람에게 길을 묻거나 말을 걸 때 쓰는 표현이랍니다.

　Qǐng wèn, xǐshǒujiān zài nǎr?
　请问, 洗手间在哪儿? 　실례지만, 화장실이 어디에요?

　Qǐng wèn, nín shì Zhāng lǎoshī ma?
　请问, 您是张老师吗? 　실례지만, 당신이 장 선생님이신가요?

② Chēzhàn zài yóujú qiánbiān.
车站在邮局前边。 　정류장은 우체국 앞에 있어요.

어떤 장소나 사물의 구체적인 위치를 나타낼 때, '在+명사+방위사' 의 형식으로 나타낸답니다. (방위사 : 앞, 뒤, 위, 아래 등 방위를 나타내는 단어)

　Zài yóujú hòubian.
　在邮局后边。 　우체국 뒤에 있어요.

　Zài yóujú lǐbian.
　在邮局里边。 　우체국 안에 있어요.

③ Yóujú jiù zài nàr.
邮局就在那儿。 　우체국은 바로 저기에 있네요.

「就在~」는 '바로 ~에 있다' 라는 뜻입니다. 부사 就는 주어 뒤, 술어 앞에 놓여 목적어를 강조해 주는 역할을 합니다.

　Jiù zài zhèr.
　就在这儿。 　바로 여기에 있어요.

　Jiù shì wǒ.
　就是我。 　바로 나에요.

④ 你的手机在哪儿?
Nǐ de shǒujī zài nǎr?
네 핸드폰은 어디에 있니?

「你的手机 (nǐ de shǒujī)」는 '너의 휴대폰'이라는 뜻이죠? 的는 앞 과에서 배웠듯이 수식구조를 나타내는 조사입니다.

⑤ 我的手机在书桌上边。
Wǒ de shǒujī zài shūzhuō shàngbian.
내 핸드폰은 책상 위에 있어.

书桌는 桌子(zhuōzi, 탁자)의 한 종류인데요. 책을 놔 두는 책상은 「书桌(shūzhuō)」, 밥을 먹는 식탁은 「饭桌(fànzhuō)」라고 합니다.

⑥ 那你的钱包在哪儿?
Nà nǐ de qiánbāo zài nǎr?
그럼 네 지갑은 어디 있니?

문장 맨 앞에 붙은 「那(nà)」는 '그렇다면' 혹은 '그러면'의 뜻으로, 앞 뒤의 말을 매끄럽게 이어주는 접사의 구실을 합니다. 「那么(nàme)」라고도 합니다.

⑦ 在口袋里边。
Zài kǒudài lǐbian.
호주머니 안에 있어.

설명이 더 필요없죠? 在 + 口袋 + 里边, 「在 + 사물명사 + 방위사」의 형식입니다.

고쌤의 어법 노트

1 동사술어문 ③「在자문」

在는 '주어가 (어디에) 있다, 존재한다' 라는 뜻의 동사입니다. 뒤에 목적어가 올 때는 항상 장소를 나타내는 말이 오기 때문에, 在는 '~에 있다' 라는 뜻으로 기억해두세요.

* 장소를 나타내는 지시대사

근칭	원칭	의문사
这儿 zhèr 여기 这里 zhèli	那儿 nàr 저기 那里 nàli	哪儿 nǎr 어디 哪里 nǎli

① 妈妈 在 哪儿?　　엄마 어디에 계셔?
   Māma zài nǎr?

－ 妈妈 在 这儿。　엄마 여기 계셔.
   Māma zài zhèr.

② 王 老师 在 哪儿?　왕 선생님은 어디에 있니?
   Wáng lǎoshī zài nǎr?

－ 王 老师 在 那儿。왕 선생님은 저기에 있어.
   Wáng lǎoshī zài nàr.

2 구체적인 위치를 말할 때,「在 + 명사 + 방위사」

동사 在 뒤에는 항상 장소를 나타내는 말이 목적어로 옵니다. 만약 在 뒤에 장소를 나타내는 단어가 아닌 일반명사가 목적어가 되거나, 장소사가 오더라도 구체적인 방위를 알려주고 싶을 때는, 방위사를 뒤에 붙여서 말합니다.

① 邮局 在 车站 后边。
   Yóujú zài chēzhàn hòubian.
   우체국은 정류장 뒤에 있어요.

❷ 你 的 手机 在 床 上边。
Nǐ de shǒujī zài chuáng shàngbian.
네 휴대폰은 침대 위에 있어.

❸ 我们 的 老师 在 教室 里边。
Wǒmen de lǎoshī zài jiàoshì lǐbian.
우리 선생님은 교실 안에 있어요.

 教室 jiàoshì 교실

* 여러가지 방위사

위쪽	아래쪽	앞쪽	뒤쪽	안쪽	바깥쪽	옆쪽
上边 shàngbian	下边 xiàbian	前边 qiánbian	后边 hòubian	里边 lǐbian	外边 wàibian	旁边 pángbiān
上面 shàngmian	下面 xiàmian	前面 qiánmian	后面 hòumian	里面 lǐmian	外面 wàimian	✗

왼쪽	오른쪽	동쪽	서쪽	남쪽	북쪽	맞은편
左边 zuǒbian	右边 yòubian	东边 dōngbian	西边 xībian	南边 nánbian	北边 běibian	✗
左面 zuǒmian	右面 yòumian	东面 dōngmian	西面 xīmian	南面 nánmian	北面 běimian	对面 duìmiàn

- 边과 面는 방위사 뒤에 붙는 접미사입니다. (~쪽, ~측)
- 옆쪽 旁边과 맞은편 对面은 한 가지 형태로만 쓰입니다.
- '이쪽'은 这边 zhèbiān, '저쪽'은 那边 nàbiān입니다.

3 강조의 부사

「就 jiù」는 '바로'라는 뜻의 부사입니다. 동사 在 또는 是 앞에 쓰여서 목적어를 강조해 줍니다.

Wǒ de qiánbāo jiù zài
我 的 钱包 就 在
내 지갑은 바로..
- zhèr. 这儿。 여기 있어요.
- zhuōzi shàngbian. 桌子 上边。 책상 위에 있어요.
- kǒudài lǐbian. 口袋 里边。 주머니 안에 있어요.

Zhèr jiù shì
这儿 就 是
여기가 바로..
- wǒ de jiàoshì. 我 的 教室。 우리 교실이야.
- tā de jiā. 他 的 家。 그의 집이야.
- wǒ de sùshè. 我 的 宿舍。 내 기숙사야.

家 jiā 집

Tip & tips

사람을 부르는 다양한 호칭

남자는 보통 「先生 xiānsheng」, 여자는 「女士 nǚshì」 혹은 「小姐 xiǎojie」라고 부릅니다. 아는 사람은 성을 앞에 붙여서 '金先生'(김 선생), '张小姐'(미스 장) 처럼 부르면 되지요. 또, 직업을 알 경우에는 성을 앞에 붙이고, 직업 명이나 직장에서의 직위를 붙여서 부르면 된답니다. 李大夫 Lǐ dàifu (이 의사), 高老师 Gāo lǎoshī (고 선생님) 처럼요. 그 밖에도 사회에서 일반적으로 쓰이는 호칭은 다음과 같습니다.

老板	lǎobǎn	주인장, 사장
师傅	shīfu	과거에 자주 쓰이던 同志 tóngzhì처럼 사람을 부르는 일반적인 호칭
叔叔	shūshu	아저씨 (원래는 숙부지만, 우리말의 '아저씨' 처럼 쓰임)
阿姨	āyí	아줌마, 이모 (원래는 이모지만, 우리말의 '아줌마' 처럼 쓰임)

문형 연습

* 교체연습을 하면서, 빈칸을 채워보세요.

1 在자문 연습

① 金先生在哪儿? → 金先生在这儿。

　　　　　那儿 →
　　　　　nàr　　　(김 선생은 저기에 있어요.)

　　　　　家 →
　　　　　jiā　　　(김 선생은 집에 있어요.)

　　　　　公司 →
　　　　　gōngsī　　(김 선생은 회사에 있어요.)

② 张老师在哪儿? → 张老师在教室里边。

　　　　　宿舍 →
　　　　　sùshè　　(장 선생님은 기숙사 안에 계세요.)

　　　　　学校 →
　　　　　xuéxiào　　(장 선생님은 학교 안에 계세요.)

　　　　　书店 →
　　　　　shūdiàn　　(장 선생님은 서점 안에 계세요.)

* 괄호 안의 단어를 참고하여 중국어로 써 보세요.

2 방위사 연습

① 나의 책이 책상 위에 있습니다. (书 shū 책, 书桌 shūzhuō 책상)

_____

② 나의 지갑은 서랍 안에 있습니다. (钱包 qiánbāo 지갑, 抽屉 chōuti 서랍)

_____

③ 나의 책가방은 의자 옆에 있습니다. (书包 shūbāo 책가방, 椅子 yǐzi 의자)

_____

生词 New words

宿舍 sùshè 기숙사　　学校 xuéxiào 학교　　书店 shūdiàn 서점　　抽屉 chōuti 서랍
椅子 yǐzi 의자

 ## 발음 연습

 녹음된 발음을 따라 아래 병음을 정확히 읽어보세요.
① sù – shù – sì
② cū – chī – cī
③ jī – zhī – zi

 아래 한자의 병음에서 틀린 부분을 고쳐 쓰세요.
① 去 qǜ
② 学生 xüésheng
③ 就 jìu

| Hint | j, q, x 뒤에 이어지는 ü는 u로 바꾼다. 운모 iu와 ui는 뒤의 모음 위에 성조를 표기한다.

 녹음을 잘 듣고, 빈칸에 병음을 채워 넣어 보세요.
① Wǒ zài _____.
② Yóujú zài _____.
③ Wǒ de xuéxiào zài _____.

● 학습목표
1. 소유를 나타내는 有
2. 존재를 나타내는 有
3. 有자문과 在자문의 차이 알기

Yǒu meiyǒu?
有没有? 있어요 없어요?

Yǒu Dèng Lìjūn de DVD ma?
有 邓 丽君 的 DVD 吗?   등려군 DVD있어요?

Yǒu.
有。   있어요.

이번 과의 핵심 문장

Yǒu ○○ ma?
有○○吗?   ○○ 있어요?

가게에서 흔히 '맥주 있어요?', '땅콩 있어요?' 등으로 물을 때 쓰는 표현입니다. 「有」는 '~이 있다' 라는 동사구요, 뒤에 사물의 이름을 넣어주면 되지요.

"有啤酒吗?" Yǒu píjiǔ ma? 맥주 있어요?   "有。" Yǒu. 있죠.
"花生呢?" Huāshēng ne? 땅콩은요?   "没有。" Méiyǒu. 없네요.

 # 한 문장 말하기

Point Box

Yǒu.
有。
있습니다.

* 有는 있다.

Méiyǒu.
没有。
없습니다.

* 有의 부정은 没有(méi yǒu)! 不有(bù yǒu)는 틀려요.

Yǒu rén ma?
有 人 吗?
사람 있어요?

* 有人吗? 앞에 '这儿(zhèr) 여기' 혹은 '里面(lǐmian) 안' 같은 주어가 생략되어 있습니다.

Nǐ yǒu kòng ma?
你 有 空 吗?
당신 시간 있어요?

* 空(kòng)은 '틈', '짬'이라는 뜻이에요.

Nǐ yǒu meiyǒu mèimei?
你 有 没 有 妹妹?
당신은 여동생이 있습니까?

* 정반의문문은 「有没有」.

生词 New words

有 yǒu 있다   没 méi 부정부사   空 kòng 비다, 빈 시간, 틈, 짬   妹妹 mèimei 여동생

78

어순 탄탄 필수 기초 회화

1
A 你有没有汉语词典?
Nǐ yǒu meiyǒu Hànyǔ cídiǎn?
너 중국어 사전 있니?

B 我有电子词典。
Wǒ yǒu diànzi cídiǎn.
나 전자 사전 있어.

2
A 你有空吗?
Nǐ yǒu kòng ma?
너 시간 있니?

B 有,你有什么事?
Yǒu, nǐ yǒu shénme shì?
응, 무슨 일이야?

3
A 这儿有小卖部吗?
Zhèr yǒu xiǎomàibù ma?
여기 매점 있어요?

B 这儿没有小卖部。
Zhèr méiyǒu xiǎomàibù.
여기 매점 없는데요.

生词 New words

汉语 Hànyǔ 중국어　　电子词典 diànzi cídiǎn 전자사전　　事 shì 일
小卖部 xiǎomàibù 매점

꼼꼼 강의 노트

① 你有没有汉语词典?
Nǐ yǒu meiyǒu Hànyǔ cídiǎn?
너 중국어 사전 있니?

有~吗? 와 有没有~?는 모두 의문문의 형식인 거 이제 다 아시죠?

你有词典吗?
Nǐ yǒu cídiǎn ma?
너 사전 있니?

你有没有词典?
Nǐ yǒu meiyǒu cídiǎn?
너 사전 있니 없니?

② 我有电子词典。
Wǒ yǒu diànzǐ cídiǎn.
나 전자 사전 있어.

요즘은 전자사전을 많이 씁니다. 값은 비싸지만, 백과사전 두께의 무거운 중국어사전을 들고 다니던 예전에 비하면 참 많이 편해졌어요. 그래도 손때 묻은 종이사전이 술술 잘 넘어가면 참 뿌듯했던 기억이 납니다. 참, 사전의 종류는 다음과 같답니다.

字典 zìdiǎn 글자 풀이 위주의 자전
词典 cídiǎn 단어 풀이 위주의 사전
辞典 cídiǎn 긴 어구나 사자성어 등도 포함한 자세한 사전

③ 你有空吗?
Nǐ yǒu kòng ma?
너 시간 있니?

여기서 空(kòng)은 时间(shíjiān)의 의미랍니다. 你有空吗? = 你有时间吗? 둘 다 많이 쓰는 말이니 꼭 외워두세요.

④ 有, 你有什么事?
Yǒu, nǐ yǒu shénme shì?   응, 무슨 일이야?

什么는 명사를 수식해 줄 때 '무슨'이라는 뜻입니다.

你 有 什么 事? *Nǐ yǒu shénme shì?*   무슨 일 있어?

你 有 什么 计划? *Nǐ yǒu shénme jìhuà?*   무슨 계획 있어?

⑤ 这儿有小卖部吗?
Zhèr yǒu xiǎomàibù ma?   여기 매점 있어요?

여기서 有는 소유가 아닌, 존재의 의미지요.

这儿 有 书店 吗? *Zhèr yǒu shūdiàn ma?*   여기 서점이 있나요?

这儿 有 药店 吗? *Zhèr yǒu yàodiàn ma?*   여기 약국이 있나요?

⑥ 这儿没有小卖部。
Zhèr méiyǒu xiǎomàibù.   여기 매점 없는데요.

어떤 장소나 물건의 부재를 没有로 표현할 수 있답니다.

这儿 没有 书店。 *Zhèr méiyǒu shūdiàn.*   여기에 서점은 없어요.

这儿 没有 药店。 *Zhèr méiyǒu yàodiàn.*   여기 약국은 없어요.

时间 shíjiān 시간   计划 jìhuà 계획

고쌤의 어법 노트

1. 有자문 – 소유와 존재 표현 '~이 있다'

❶ 소유의 有

긍정문	사람주어 + 有 + 목적어 주어가 무엇을 가지고 있다.	Wǒ yǒu hànyǔ cídiǎn. 我 有 汉语词典。
부정문	사람주어 + 没有 + 목적어 주어가 무엇을 가지고 있지 않다.	Wǒ méiyǒu hànyǔ cídiǎn. 我 没有 汉语词典。
의문문	사람주어 + 有 + 목적어 + 吗? 사람주어 + 有没有 + 목적어? 주어가 무엇을 가지고 있습니까?	Nǐ yǒu hànyǔ cídiǎn ma? 你 有 汉语词典 吗? Nǐ yǒu meiyǒu hànyǔ cídiǎn? 你 有没有 汉语词典?

❷ 존재의 有

긍정문	장소주어 + 有 + 목적어 장소에 무엇이 있다.	Zhèr yǒu shūdiàn. 这儿 有 书店。 Zhèr yǒu Hànyǔ cídiǎn. 这儿 有 汉语词典。
부정문	장소주어 + 没有 + 목적어 장소에 무엇이 없다.	Zhèr méiyǒu shūdiàn. 这儿 没有 书店。 Zhèr méiyǒu Hànyǔ cídiǎn. 这儿 没有 汉语词典。
의문문	장소주어 + 有 + 목적어 + 吗? 장소주어 + 有没有 + 목적어? 장소에 무엇이 있습니까?	Zhèr yǒu shūdiàn ma? 这儿 有 书店 吗? Zhèr yǒu meiyǒu Hànyǔ cídiǎn? 这儿 有没有 汉语词典?

有자문에서 사람주어가 올 때는 '주어가 ~을 가지고 있다' 라는 소유의 뜻을 나타낼 수 있고, 장소주어가 올 때는 '장소에 ~이 있다' 라는 존재를 표현하게 됩니다.

소유   我 有 汉语词典。   나는 중국어 사전을 가지고 있어.

존재   这儿 有 汉语词典。 여기 중국어 사전이 있어.

2 有자문과 在자문

	어순상의 차이	의미상의 차이
在자문	주어(사람/사물) + 在 + 목적어(장소). (你的)书　在　这儿。	특정한 사람/사물이 ~에 있다. (네) 책이 여기 있어.
有자문	주어(장소) + 有 + 목적어(사람/사물). 这儿　有　(一本)书。	어떤 장소에 불특정한 사람/사물이 있다. 여기에 책 (한 권)이 있다.

동사 有가 존재를 나타낼 때는, 어떤 장소에 임의의 사람/사물이 존재하는지, 아닌지의 여부를 나타내는 데에 관심이 있다고 했습니다. 그런데 동사 在는 구체적인 사람/사물이 어디에 있는지를 설명합니다. 그러므로 有는 불특정한 사물의 존재를, 在는 특정한 사물의 존재를 나타내는 데 쓰입니다.

〈在자문; 특정주어, 장소목적어〉

Tā zài nàr.
她 在 那儿。   그녀는 저기에 있어.

Tā bú zài nàr.
她 不 在 那儿。 그녀는 저기에 없어.

83

Tiān'ānmén zài nǎr?
天安门 在 哪儿? 　　천안문은 어디에 있어요?

Tiān'ānmén zài Běijīng.
天安门 在 北京。 　　천안문은 북경에 있어요.

〈有字文; 장소주어, 불특정목적어〉

Nàr yǒu rén.
那儿 有 人。 　　저기 사람이 있다.

Nàr méiyǒu rén.
那儿 没有 人。 　　저기에는 사람이 없어요.

Zhèr yǒu meiyǒu píjiǔ.
这儿 有没有 啤酒? 　　여기 맥주 있어요?

Zhèr méiyǒu píjiǔ.
这儿 没有 啤酒。 　　여기 맥주 없어요.

중국인의 영원한 우상 '邓丽君(등려군)' 　영화 첨밀밀의 주제가로 널리 알려진 '月亮代表 我的心 Yuèliang dàibiǎo wǒ de xīn' 들어보신 적 있을 거에요. 그 주제가를 부른 중국의 여가수가 바로 등려군이랍니다. 영화 속에서 두 주인공은 중국대륙에서 큰 인기를 끌었던 등려군의 사진을 홍콩 길거리에서 팔기도 했는데요. 등려군이야말로 진정 대중가요로 '风靡一时 fēngmǐ yìshí'(한 시대를 풍미하다)'했던 가수가 아닌가 싶어요. 대만 출생으로 16세에 연예계에 데뷔하여 일본, 싱가폴, 동남아, 중국 대륙 등지에서 큰 성공을 거두었던 등려군은 별세하기까지 수많은 히트곡을 남겼습니다. 언젠가 중국에 가시면 등려군의 음반 한 장 정도는 꼭 사 가지고 돌아오시는 것도 좋을 것 같네요.

문형 연습

* 교체연습을 하면서, 빈칸을 채워보세요.

1 소유의 有 연습

① 你有词典吗? → 我有词典。

    空 kòng → _____ (나는 시간이 있어요.)
    钱 qián → _____ (나는 돈이 있어요.)
    手机 shǒujī → _____ (나는 핸드폰이 있어요.)

② 你有没有笔? → 我没有笔。

    本子 běnzi → _____ (나는 공책이 없어요.)
    钱包 qiánbāo → _____ (나는 지갑이 없어요.)
    书包 shūbāo → _____ (나는 책가방이 없어요.)

2 존재의 有 연습

[어떤 장소를 찾는 상황]

① 这附近有书店吗? → 这儿有书店。

    药店 yàodiàn → _____ (이 부근에는 약국이 없어요.)
    电影院 diànyǐngyuàn → _____ (이 부근에는 영화관이 있어요.)
    小卖部 xiǎomàibù → _____ (이 부근에는 매점이 없어요.)

[상점에서 물건을 사는 상황]

② 张国荣的CD → 有张国荣的CD吗?

    青岛啤酒 Qīngdǎo Píjiǔ → _____ (청도 맥주 있어요?)
    信封 xìnfēng → _____ (편지봉투 있어요?)
    明信片 míngxìnpiàn → _____ (엽서 있어요?)

生词 New words

附近 fùjìn 부근　　青岛啤酒 Qīngdǎo Píjiǔ 청도맥주　　信封 xìnfēng 편지봉투
明信片 míngxìnpiàn 엽서

발음 연습

1 녹음을 잘 듣고 다음 단어의 병음을 써 보세요.

① 空 _____   ② 词典 _____   ③ 钱 _____

2 녹음을 잘 듣고, 빈 칸에 운모를 채워 넣고 성조를 표기하세요.

① 青岛　　Q(　)dǎo　　칭다오
② 北京　　B(　)jīng　　베이징
③ 上海　　Shàngh(　)　상하이
④ 台湾　　Táiw(　)　　타이완

3 둘 중 녹음에서 나온 단어를 찾아 ○표 하세요.

① ┌ mǎi　买　사다
　 └ méi　没　아니다
② ┌ bāo　包　가방
　 └ pǎo　跑　뛰다
③ ┌ zǒu　走　걷다
　 └ zǎo　早　이르다
④ ┌ chǎo　炒　볶다
　 └ cǎo　草　풀

● 학습목표
1. 동사 要를 사용해 물건 사기
2. 숫자 알기
3. 양사 알기

你要几斤?
Nǐ yào jǐ jīn?

몇 근 드릴까요?

你 要 几 斤? 　　 몇 근 드릴까요?
Nǐ yào jǐ jīn?

我 要 两 斤。 　　 두 근 주세요.
Wǒ yào liǎng jīn.

이번 과의 핵심 문장

我要○○.　　○○ 주세요.
Wǒ yào ○○.

要는 '원하다, 필요하다'라는 뜻의 동사입니다. 물건을 사거나 팔 때 기억해야 할 동사에요. 파는 사람 입장에서는 "뭐 드릴까요?"라는 뜻에서 "你要什么?", 사는 사람은 "○○주세요." 하면서 "我要○○."라고 말하면 된답니다.

"你要什么?"	Nǐ yào shénme?	뭐 드릴까요?
"我要苹果."	Wǒ yào píngguǒ.	사과 주세요.
"你要几斤?"	Nǐ yào jǐ jīn?	몇 근 드려요?
"我要两斤."	Wǒ yào liǎng jīn.	두 근 주세요.

87

한 문장 말하기

Point Box

Yào.
要。
원합니다.

* 要(yào)는 '원하다, 필요하다'
  不要(bú yào)는 원하지 않는다, 필요 없다.
  要 不 要? 원해 안 원해?

Bú yào.
不 要。
원하지 않습니다.

Nǐ yào jǐ jīn?
你 要 几 斤?
몇 근 드릴까요?

* 几(jǐ)는 의문수사. '몇'

Wǒ yào yì jīn.
我 要 一 斤。
한 근 주세요.

* 斤(jīn)은 양사로 '근'을 뜻해요. 우리나라는 고기 한 근에 600g, 채소는 한 근에 400g이지만, 중국은 1斤=500g으로 통일되어 있답니다.
* 一의 성조에 주의하세요.
  yī jīn → yì jīn

Nǐ yào jǐ ge?
你 要 几 个?
몇 개 드릴까요?

Wǒ yào sān ge.
我 要 三 个。
세 개 주세요.

* 个는 사물이나 추상개념을 세는 대표적인 양사입니다.

生词 New words

要 yào 원하다　几 jǐ 몇　斤 jīn 근　一 yī 일　三 sān 삼　个 ge 개

어순 탄탄 필수 기초 회화

1

A Nǐ yào jǐ ge píngguǒ?
你 要 几 个 苹果?
사과 몇 개 드릴까요?

B Wǒ yào wǔ ge píngguǒ.
我 要 五 个 苹果。
사과 다섯 개 주세요.

2

A Nǐ yǒu jǐ zhī xiǎogǒu?
你 有 几 只 小狗?
너 강아지 몇 마리 있니?

B Wǒ yǒu yì zhī xiǎogǒu.
我 有 一 只 小狗。
나 강아지 한 마리 있어.

3

A Zhèr yǒu jǐ zhāng dìtú?
这儿 有 几 张 地图?
여기에 지도 몇 장 있니?

B Zhèr yǒu liǎng zhāng dìtú.
这儿 有 两 张 地图。
여기에 지도 두 장 있어.

生词 New words

苹果 píngguǒ 사과 只 zhī 마리 小狗 xiǎogǒu 강아지 张 zhāng 장 两 liǎng 둘
地图 dìtú 지도

꼼꼼 강의 노트

① 你要几个苹果?
Nǐ yào jǐ ge píngguǒ?
사과 몇 개 드릴까요?

几는 '몇'이라는 의문수사에요. 보통 열 개 이하의 작은 수를 셀 때 쓰이지요.

几个? jǐ ge? 몇 개?
几斤? jǐ jīn? 몇 근?

② 我要五个苹果。
Wǒ yào wǔ ge píngguǒ.
사과 다섯 개 주세요.

우리말로는 '사과 다섯 개'가 더 편하지만, 중국어로는 반드시 '수사 + 양사 + 명사'의 어순을 지켜야 한답니다. 苹果五个는 틀린 어순!

一个苹果 yí ge píngguǒ 사과 한 개
三个苹果 sān ge píngguǒ 사과 세 개

③ 你有几只小狗?
Nǐ yǒu jǐ zhī xiǎogǒu?
너 강아지 몇 마리 있니?

只(zhī)는 작은 동물을 셀 때 쓰는 양사에요.

你有几只小猫? Nǐ yǒu jǐ zhī xiǎomāo? 넌 고양이 몇 마리 갖고 있니?

④ 我有一只小狗。
Wǒ yǒu yì zhī xiǎogǒu.
나 강아지 한 마리 있어.

我有一只小猫。 Wǒ yǒu yì zhī xiǎomāo. 난 고양이 한 마리 갖고 있어.

❺ Zhèr yǒu jǐ zhāng dìtú?
这儿有几张地图? 여기에 지도 몇 장 있니?

이전 과에서 배웠던 有자문의 존재표현이지요. 주어는 장소, 목적어는 불특정한 어떤 것입니다. '여기 지도가 몇 장 있어?'

❻ Zhèr yǒu liǎng zhāng dìtú.
这儿有两张地图。 여기에 지도 두 장 있어.

'여기 지도가 두 장 있어.' 有자문의 존재표현은 보통 어떤 사물이 존재함을 서술하거나 묘사하는 역할을 한답니다.

Zhèr yǒu yì zhī xiǎogǒu.
这儿 有 一 只 小狗。   여기 강아지가 한 마리 있네.
Zhèr yǒu liǎng ge píngguǒ.
这儿 有 两 个 苹果。   여기 사과가 두 개 있어.

小猫 xiǎomāo 고양이

고쌤의 어법 노트

1 숫자를 세어봅시다

0	1	2	3	4	5	6	7	8	9	10
零	一	二	三	四	五	六	七	八	九	十
líng	yī	èr	sān	sì	wǔ	liù	qī	bā	jiǔ	shí

1부터 10까지만 알면, 99까지의 수는 문제없이 말할 수 있습니다.
11은 十一, 15는 十五, 20은 二十, 30은 三十, 50은 五十, 99는 九十九 처럼 우리말과 똑같이 쓰기 때문에 매우 쉽답니다. 참고로 100 이상의 수는 다음과 같습니다.

yì bǎi　一百 백　　yì qiān　一千 천

yí wàn　一万 만　　yí yì　一亿 억

> 숫자1의 성조변화에 주의하세요!
> 一(1성) + 1, 2, 3성 ➡ 一(4성) + 1, 2, 3성
> 一(1성) + 4성 ➡ 一(2성) + 4성

2 양사 个와 의문사 几

'사과 한 개', '책 다섯 권' '연필 두 자루' 처럼 사물의 개수를 셀 때 쓰는 말을 중국어에서는 '양사' 라고 합니다. 대표적인 양사가 바로 한 개, 두 개 할 때 쓰는 '个' 입니다.

yí ge　一个 한 개　　sān ge　三个 세 개　　wǔ ge　五个 다섯 개

'几' 는 '몇' 이냐고 물을 때 쓰는 의문사입니다. 보통 10 이하의 확실하지 않은 수를 물을 때 사용합니다.

Yǒu jǐ ge?　有几个? 몇 개가 있어요?

Yǒu wǔ ge.　有五个。 다섯 개가 있어요.

Yǒu jǐ běn?
有 几 本? 몇 권이 있어요?

Yǒu liù běn.
有 六 本。 여섯 권이 있어요.

Yào jǐ ge?
要 几 个? 몇 개가 필요해요?

Yào liǎng ge.
要 两 个。 두 권이 필요해요.

> ★ 二 èr 과 两 liǎng
>
> 二 : 수를 셀 때나, 순서를 나타낼 때 사용합니다.
>
> 예 一, 二, 三… 十二   一月, 二月, 三月…
>
> 两 : 사물의 수량을 나타낼 때 사용합니다. 二个 (×) → 两个 (○)
>
> 예 两个 liǎng ge 두 개   两本 liǎng běn 두 권

3 한 개의 사과, '수사 + 양사 + 명사'

우리말에서는 '사과 한 개', '물 한 잔', '연필 한 자루' 등으로 말하는 것이 자연스럽지만, 중국어에서는 반드시 '수(사) + 양(사) + 명(사)'의 순서를 지켜야 합니다.

[수사] [양사] [명사]

yí   ge   píngguǒ
一   个   苹果   한 개의 사과

yì   bēi shuǐ
一   杯   水   한 잔의 물

yì   zhī qiānbǐ
一   支   铅笔   한 자루의 연필

4 여러 가지 양사(量词)

양사	용도	대표적인 명사	예
个 ge	일반적인 명사, 추상적인 것	人(rén) 사람, 问题(wèntí) 문제	一个人 (yí ge rén)
本 běn	책, 잡지, 사전 등	书(shū) 책, 词典(cídiǎn) 사전	两本书 (liǎng běn shū)
张 zhāng	종이, 지도, 책상 등 평평한 것	地图(dìtú) 지도, 纸(zhǐ) 종이	三张地图 (sān zhāng dìtú)
件 jiàn	옷, 일(사건) 등	衣服(yīfu) 옷, 事(shì) 일	四件衣服 (sì jiàn yīfu)
把 bǎ	손잡이가 있는 것	伞(sǎn) 우산, 椅子(yǐzi) 의자	五把伞 (wǔ bǎ sǎn)
只 zhī	작은 동물	小狗(xiǎogǒu) 강아지, 猫(māo) 고양이	六只小狗 (liù zhī xiǎogǒu)
块 kuài	돌, 고기 등 덩어리로 된 것	肉(ròu) 고기, 石头(shítou) 돌	七块肉 (qī kuài ròu)
杯 bēi	컵 또는 잔을 단위로 한 것	茶(chá) 차, 咖啡(kāfēi) 커피	八杯茶 (bā bēi chá)
瓶 píng	병을 단위로 한 것	酒(jiǔ) 술, 可乐(kělè) 콜라	九瓶酒 (jiǔ píng jiǔ)

Tip & tips

명사의 모자 양사

한국어에서는 '한 사람', '세 잎', '다섯 문제' 등으로 수사가 명사를 직접 수식할 수도 있지만, 중국어에서는 수사는 반드시 양사와 함께 명사를 수식해야 합니다. 한국어보다 훨씬 양사의 사용빈도가 높고, 사용범위도 넓습니다. 또한, 한국어에서는 보통 사물이 한 개 있을 경우에는 굳이 양사(한국어의 '의존명사')를 붙이지 않는 반면, 중국인들은 꼭 양사를 붙여서 말하는 습관이 있답니다.

这儿有个商店。 Zhèr yǒu ge shāngdiàn. 여기 상점이 있다.
那儿有支笔。 Nàr yǒu zhī bǐ. 저기 펜이 있다.

문형 연습

 교체연습을 하면서, 빈칸을 채워보세요.

1 과일 사기

① 你要什么？ → 我要苹果。

葡萄 pútao	→	(포도 주세요.)
西瓜 xīguā	→	(수박 주세요.)
草莓 cǎoméi	→	(딸기 주세요.)

② 你要几斤？ → 我要一斤。

两 liǎng	→	(두 근 주세요.)
五 wǔ	→	(다섯 근 주세요.)
十 shí	→	(열 근 주세요.)

* 알맞은 양사를 상자에서 골라 빈 칸에 넣어 보세요.

2 양사 넣기

| 本 běn | 张 zhāng | 只 zhī | 个 ge | 杯 bēi |

① 我要一___ 书。
② 这儿有两___ 水。
③ 你要几___ 地图？
④ 你有几___ 小狗？
⑤ 我们要五___ 苹果。

生词 New words

葡萄 pútao 포도   西瓜 xīguā 수박   草莓 cǎoméi 딸기   水 shuǐ 물

발음 연습

1 녹음을 잘 듣고, 빈 칸에 병음을 바르게 적어 보세요.

① 瓶 _____   ② 张 _____
③ 支 _____   ④ 本 _____

2 녹음을 듣고, 빈 칸에 들어갈 알맞은 양사를 적어 보세요.

① 五___苹果 사과 다섯 근
② 三___可乐 콜라 세 병
③ 两___面包 빵 두 개
④ 一___狗   개 한 마리

3 숫자 一는 뒤에 제1, 2, 3성이 이어지면 제4성으로, 제4성이 이어지면 제2성으로 변합니다. 녹음을 들으며 다음 발음을 따라 읽어 보세요.

① yì bēi   一杯 한 잔
② yì píng   一瓶 한 병
③ yì běn   一本 한 권
④ yí jiàn   一件 한 벌

4 녹음을 듣고 아래 단어의 병음을 적어 보세요.

① _____ 草莓 딸기
② _____ 葡萄 포도
③ _____ 西瓜 수박
④ _____ 苹果 사과

● 학습목표
1. 명사 술어문 ①
2. 가격 묻기
3. 중국 돈의 단위 알기

zhège　duōshao qián?
这个多少钱? 이것 얼마에요?

Zhège　duōshao　qián?
这个 多少 钱?　　　이것 얼마에요?

Yìbǎi　wǔshí　kuài.
一百 五十 块。　　　150위안이에요.

이번 과의 핵심 문장

duōshao qián?
多少 钱?　얼마에요?

가격을 묻는 말이 바로 「多少钱? duōshao qián?」입니다. 가격표에 가격이 써 있으면 물건을 사는 데 문제는 없겠지만, 시장이나 노점상에서 물건을 살 때는 상인이 얼마라고 하는지 잘 알아들어야 합니다. 중국인들은 숫자를 말할 때 단위 생략을 많이 하기 때문에, 어떤 규칙이 있는지 기억해 두어야 한답니다.

상인 : 这个一百五。　Zhège yìbǎi wǔ.　　나 : 105원이요..? (사실은 150원!)

97

 ## 한 문장 말하기

Point Box

Zhèige duōshao qián?
这个 多少 钱?
이것 얼마에요?

* 多少(duō shǎo)는 '얼마'라는 뜻의 의문사.
多少钱(duōshaoqián)은 '돈이 얼마에요?'라는 뜻이니까, 가격을 묻는 말이지요.

Wǔshí kuài.
五十 块。
50위안이에요.

* 块(kuài)는 중국 돈의 단위에요.

Yígòng duōshao qián?
一共 多少 钱?
전부 얼마에요?

Yígòng yìbǎi wǔshí kuài.
一共 一百 五十 块。
전부 150위안이에요.

* 一共(yígòng)은 '전부, 합해서'라는 뜻.

生词 New words

多少 duōshao 얼마　　钱 qián 돈　　块 kuài 위안　　一共 yígòng 전부, 모두　　百 bǎi 백

# 어순 탄탄 **필수 기초 회화**

1

A Zhège duōshaoqián?
这个 多少钱?
이거 얼마에요?

B Wǔshí kuài jiǔmáo.
五十 块 九毛。
50.9위안이에요.

2

A Duōshaoqián yì jīn?
多少钱 一 斤?
한 근에 얼마에요?

B Shí kuài yì jīn.
十 块 一 斤。
한 근에 10위안이에요.

3

A Zhèxiē yígòng duōshaoqián?
这些 一共 多少钱?
이것들이 전부 얼마죠?

B Zhèxiē yígòng sānbǎi kuài qián.
这些 一共 三百 块 钱。
이것들은 전부 300위안이에요.

生词 New words

毛 máo 마오(돈의 단위)   些 xiē 약간의 양

꼼꼼 강의 노트

❶ 这个多少钱? (Zhège duōshaoqián?) 이거 얼마에요?

多少는 어림잡을 수 없는 수를 물을 때 쓰는 의문수사입니다. 반면, 几는 예측이 가능한 적은 수를 셀 때 쓰이지요.

多少钱? (Duōshaoqián?) 얼마에요?   • 多少 뒤에는 양사를 쓰지 않습니다.

几块钱? (Jǐ kuài qián?) 몇 원이에요?   • 几 뒤에는 반드시 양사를 써야 합니다.

❷ 五十块九毛。(Wǔshí kuài jiǔmáo.) 50.9위안이에요.

중국 돈의 단위는 세 가지 입니다. 일반 회화에서 쓰는 단위는 「块 kuài」, 「毛 máo」, 「分 fēn」이지요. 가격을 읽는 법을 알아봅시다.

〈가격표상〉	〈읽는 법〉
50 元	五十 块 (wǔshí kuài)
50.90 元	五十 块 九毛 (wǔshí kuài jiǔ máo)
50.99 元	五十 块 九毛 九 分 (wǔshí kuài jiǔ máo jiǔ fēn)

100

③ *Duōshaoqián yì jīn?*
多少钱一斤？ 한 근에 얼마에요?

한 근에 얼마에요? '한 근에 얼마', '열 개에 얼마'와 같은 말은 보통 '한 근' 또는 '열 개'와 같은 단위를 多少钱 뒤에 붙입니다.

wǔ kuài liǎng ge.
五块 两个。 두 개에 오 위안.

shí kuài wǔ ge.
十块 五个。 다섯 개에 십 위안.

④ *Zhèxiē yígòng duōshaoqián?*
这些一共多少钱？ 이것들이 전부 얼마죠?

这些는 这个의 복수형이라고 할 수 있어요. '이것들'이라는 뜻이죠.

nàge
那个 저것

nàxiē
那些 저것들

⑤ *Zhèxiē yígòng sānbǎi kuài qián.*
这些一共三百块钱。 이것들은 전부 300위안이에요.

돈의 단위가 한 단위로만 되어 있을 때, 뒤에 钱을 붙여줄 수 있답니다.

yìbǎi kuài qián
一百块钱 백 위안

wǔ máo qián
五毛钱 오 마오

 **고쌤의 어법 노트**

1 중국 돈의 단위 块 kuài, 毛 máo, 分 fēn

중국 돈은 '인민폐(人民币, Rénmínbì, RMB)'라고 합니다. 한국 돈의 단위는 현재 '원' 하나뿐이지만, 중국 돈의 단위는 「元」, 「角」, 「分」의 세 종류입니다. 「元」의 10분의 1이 「角」, 100분의 1이 「分」입니다. 중국 돈의 단위는 쓸 때와 말할 때가 다르답니다.

쓸 때	말할 때
元 yuán	块 kuài
角 jiǎo	毛 máo
分 fēn	分 fēn

2 가격 묻고 대답하기

Zhège duōshao qián?
这个 多少 钱? 이것 얼마예요?

Shí'èr kuài.
十二 块。 12위안이에요.

Duōshao qián yí ge?
多少 钱 一 个? 한 개에 얼마예요?

Shí kuài qián yí ge.
十 块 钱 一 个。 한 개 10위안이에요.

Yígòng duōshao qián?
一共 多少 钱? 전부 얼마예요?

Yígòng yìbǎi kuài.
一共 一百 块。 전부 100위안이에요.

● 주의: '한 개에 얼마예요?' 할 경우, 우리말과 어순이 반대입니다. 대답할 때도 마찬가지로, 十块钱一个。 shíkuài qián yí ge.(십 원에 한 개)라고 말합니다.

3 돈을 세어봅시다

본격적으로 돈을 세는 법을 알아보도록 하겠습니다. 숫자를 완벽하게 말할 줄 안다면 큰 문제는 없겠지만, 중국 사람들은 돈의 단위를 생략하는 경우가 많기 때문에 그 규칙을 잘 알아두어서 당황하는 일이 없도록 합시다.

A. 어떻게 읽을까요?

2.00元 ➡ 两块 (liǎng kuài)

3.90元 ➡ 三块九(毛) (sān kuài jiǔ (máo))
- 마지막 단위는 보통 생략합니다.

10.75元 ➡ 十块七毛五分 (shí kuài qī máo wǔ fēn)
- 소수점 이하는 각각 읽습니다.

연습

1. 6.80元 (　　　　)　　30.99元 (　　　　　)

B. 0이 포함된 수의 읽기 규칙

10　十 (shí)
- 10은 '一十'라고 읽지 않습니다.

100　一百 (yìbǎi)
- 100 이상은 앞에 '一'를 넣어 읽습니다.

105　一百零五 (yìbǎi líng wǔ)
- 숫자 중간에 0이 들어가면 '零'을 넣어 읽습니다.

150　一百五(十) (yìbǎi wǔ (shí))
- 숫자 끝이 0일 경우 보통 그 단위를 생략합니다.

1500　一千五(百) (yìqiān wǔ (bǎi))
- 위와 같습니다.

1005　一千零五 (yìqiān líng wǔ)
- 숫자 중간에 0이 몇 개 들어가도 '零'은 하나만 읽습니다.

^{yìqiān　líng　wǔshí}
1050　一千 零 五十

● 숫자 중간에 0이 들어갈 경우 '零'을 붙이고 마지막 단위를 생략하지 않습니다.

(연습)

2. 10005元 (　　　　)　　10050元 (　　　　)

　 10500元 (　　　　)　　15000元 (　　　　)

4 这些, 那些, 哪些

「些 xiē」는 양사로서, '정해지지 않은 약간의 양'을 나타냅니다. 「这些」는 '이것들(의)', 「那些」는 '저것들(의)', 「哪些」는 '어떤 것들(의)' 라는 뜻으로, 단독으로 쓰이거나 명사를 수식해 줄 수 있습니다.

가까운 것	zhè 这 이	zhège 这个 이것	zhèxiē 这些 이것들
먼 것	nà 那 저,그	nàge 那个 저것, 그것	nàxiē 那些 저것들, 그것들
의문	nǎ 哪 어느	nǎge 哪个 어느 것	nǎxiē 哪些 어느 것들

연습문제 정답

1. 六块八(毛), 三十块九毛九分
2. 一万零五块, 一万零五十块, 一万零五百块, 一万五(千)块

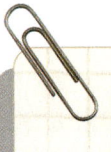

문형 연습

* 보기와 같이 주어진 숫자를 이용해 가격을 말하세요.

 가격 묻기

① 这个**多少钱**?(50元) → 这个五十块钱。

    35元 → _____ (이것은 35元입니다.)
    100元 → _____ (이것은 100元입니다.)
    230元 → _____ (이것은 230元입니다.)

② 那个**多少钱**?(50.50元) → 那个五十块五毛。

    3.50元 → _____ (저것은 3.50元입니다.)
    40.80元 → _____ (저것은 40.80元입니다.)
    100.90元 → _____ (저것은 100.90元입니다.)

2 중작 연습

① 이것들이 전부 얼마죠?
_____

② 두 근에 10元 입니다.
_____

③ 저것들은 전부 100元입니다.
_____

④ 이것들은 한 근에 50元 입니다.
_____

105

발음 연습

1 녹음을 잘 듣고 병음이 바르게 표기된 것을 둘 중에서 고르세요.

① cūn / cuēn   ② zūn / zuēn   ③ jiǔ / jiǒu   ④ duì / duèi

| Hint | 성모 + uen → 성모 + un
성모 + iou → 성모 + iu
성모 + uei → 성모 + ui

2 녹음에서 나오는 발음을 잘 듣고 병음을 받아 써 보세요.

① 牛奶 _____ 우유
② 汽车 _____ 자동차
③ 馒头 _____ 만두
④ 自行车 _____ 자전거

3 경성의 위치는 앞 글자의 성조에 달려 있습니다. 앞의 글자가 제1, 2, 4성일 경우에는 내려가고, 3성일 경우에는 올라갑니다. 녹음을 잘 듣고, 경성 음절의 높낮이에 주의해서 따라 읽어 보세요.

① zhuōzi 桌子 책상
② páizi   牌子 간판
③ guǒzi   果子 열매
④ tàitai 太太 부인

● 학습목표 | 1. 시간 말하기
2. 하루 시간 구분법 알기

Xiànzài jǐ diǎn?
现在几点? 지금 몇 시에요?

Jǐ diǎn kāi mén?
几点开门? 몇 시에 문 여나요?

Jiǔ diǎn kāi mén.
九点开门。 아홉시에 열어요.

이번 과의 핵심 문장

Jǐ diǎn ?
几点~? 몇 시에 ~해요?

'시'와 '분'을 가리키는 말을 중국어에서는 「点 diǎn」과 「分 fēn」을 씁니다. '시간'은 「时间 shíjiān」, '때'는 「时候 shíhòu」라고 한답니다. 예를 들어, 박물관 문 앞에

开馆时间(개관 시간) : 9:00 ~ 17:00

이라고 쓰여 있으면, 9点开门 jiǔ diǎn kāi mén, 5点关门 wǔ diǎn guān mén이 되는 거지요.

生词 New words

开门 kāi mén 문 열다   关门 guān mén 문 닫다   开馆 kāi guǎn 개관

107

 # 한 문장 말하기

 **Point Box**

Xiànzài jǐ diǎn?
现在 几 点?
지금 몇 시에요?

* 몇 시는 구체적인 시간을 가리키기 때문에, 의문수사 几를 사용합니다.

Qī diǎn shí fēn
七 点 十 分。
7시 10분이에요.

* 시: 点 diǎn
  분: 分 fēn
  초: 秒 miǎo

Jǐ diǎn kāishǐ?
几 点 开始?
몇 시에 시작해요?

* 시작하다: 开始 kāishǐ
  끝나다: 结束 jiéshù

Jiǔ diǎn kāishǐ.
九 点 开始。
9시에 시작해요.

生词 New words

现在 xiànzài 지금   点 diǎn 시(时)   分 fēn 분   开始 kāishǐ 시작하다

어순 탄탄 **필수 기초 회화**

①

A　Nǐ zǎoshang jǐ diǎn shàng bān?
　　你 早 上 几 点 上 班?
　　당신은 아침 몇 시에 출근해요?

B　Wǒ zǎoshang bā diǎn shàng bān.
　　我 早 上 八 点 上 班。
　　저는 아침 8시에 출근해요.

②

A　Nǐ jǐ diǎn chī wǔfàn?
　　你 几 点 吃 午饭?
　　당신은 몇 시에 점심 드세요?

B　Wǒ shí'èr diǎn chī wǔfàn.
　　我 十二 点 吃 午饭。
　　저는 12시에 점심 먹어요.

③

A　Nǐ jǐ diǎn huí jiā?
　　你 几 点 回 家?
　　당신은 몇시에 집에 들어가세요?

B　Wǒ wǎnshang liù diǎn huí jiā.
　　我 晚 上 六 点 回 家。
　　저는 저녁 6시에 귀가합니다.

生词 New words

早上 zǎoshang 아침　　上班 shàng bān 출근하다　　午饭 wǔfàn 점심　　回 huí 돌아가다

꼼꼼 강의 노트

① Nǐ zǎoshang jǐ diǎn shàng bān?
你早上几点上班? 당신은 아침 몇 시에 출근해요?

'아침-점심-저녁', 중국어로는 「早上-中午-晚上」으로 구분합니다. '출근하다' 는 「上班 shàng bān」, 날마다 출근해야 하는 샐러리맨을 「上班族 shàngbānzú」라 하지요.

② Wǒ zǎoshang bā diǎn shàng bān.
我早上八点上班。 저는 아침 8시에 출근해요.

「上班」의 '上'은 '가다' 라는 뜻이고, '班'은 '근무시간, 노동시간의 구분'의 뜻이 있습니다.

    xià bān   yè bān
    下班 퇴근하다   夜班 야근

③ Nǐ jǐ diǎn chī wǔfàn?
你几点吃午饭? 당신은 몇 시에 점심 드세요?

'몇 시에 점심 먹어?' 와 같은 질문을 종종 하곤 하지요.

  zǎofàn   wǔ fàn   wǎnfàn
  早饭 아침식사   午饭 점심식사   晚饭 저녁식사

④ Wǒ shí'èr diǎn chī wǔfàn.
我十二点吃午饭。 저는 12시에 점심 먹어요.

낮 12시는 「中午 zhōngwǔ」라고 하지요.

❺ 你几点回家?
Nǐ jǐ diǎn huí jiā?

당신은 몇시에 집에 들어가세요?

'귀가하다'는 중국어로 '回家 huí jiā' 입니다. 「回 huí」는 '돌아오다' 혹은 '돌아가다'라는 뜻이 있는 동사에요.

回家 *huí jiā* 귀가하다　　**回国** *huí guó* 귀국하다

回乡 *huí xiāng* 귀향하다　　**回信** *huí xìn* 답신하다

❻ 我晚上六点回家。
Wǒ wǎnshang liù diǎn huí jiā.

저는 저녁 6시에 귀가합니다.

「晚上」은 보통 저녁 6시부터 시작해서 새벽이 될 때까지의 시간을 이릅니다.

我晚上八点回家。 *Wǒ wǎnshang bā diǎn huí jiā.*
나는 저녁 8시에 집에 들어가요.

他晚上十二点回家。 *Tā wǎnshang shí'èr diǎn huí jiā.*
그는 밤 12시에 집에 들어가요.

고쌤의 어법 노트

1. 명사 술어문 ① – 시간 표현

중국어에서 시간을 나타내는 문장은 '명사술어문'에 속합니다. '몇 시'라는 시각 자체가 술어의 역할을 하기 때문이지요. 아래 시간을 나타내는 표현들을 정리해봅시다.

〈시 点〉

1시	一点 yì diǎn	2시	两点 liǎng diǎn	3시	三点 sān diǎn
4시	四点 sì diǎn	5시	五点 wǔ diǎn	6시	六点 liù diǎn
7시	七点 qī diǎn	8시	八点 bā diǎn	9시	九点 jiǔ diǎn
10시	十点 shí diǎn	11시	十一点 shíyī diǎn	12시	十二点 shí'èr diǎn

- 정시일 경우 点 diǎn 뒤에 钟 zhōng을 붙이기도 합니다.
- 두 시는 二点이 아니라 两点 liǎng diǎn이라고 읽습니다.

〈분 分〉

3:05	三点(零)五分 sān diǎn (líng) wǔ fēn	
4:10	四点十分 sì diǎn shí fēn	
5:15	五点十五分 wǔ diǎn shíwǔ fēn	/ 五点一刻 wǔ diǎn yí kè
6:30	六点三十分 liù diǎn sānshí fēn	/ 六点半 liù diǎn bàn
7:45	七点四十五分 qī diǎn sìshí wǔ fēn	/ 差一刻八点 chà yí kè bā diǎn
8:55	八点五十五分 bā diǎn wǔshí wǔ fēn	/ 差五分九点 chà wǔ fēn jiǔ diǎn

- 1~9분까지는 앞에 零 líng을 넣어 읽기도 합니다.
- 10분을 제외한 나머지 분 표현에서는 단위 分 fēn을 생략하여 읽기도 합니다.
- 15분을 一刻 yí kè라고도 합니다.
- 差一刻 chà yí kè는 '15분의 차이가 나다'라는 뜻이므로 15분 전, 곧 45분을 가리키기도 합니다.
- 30분은 우리말과 같이 半 bàn이라고도 합니다.

2 하루 시간 구분하기

하루의 시간을 구분하여 말하는 표현을 익혀둡시다.

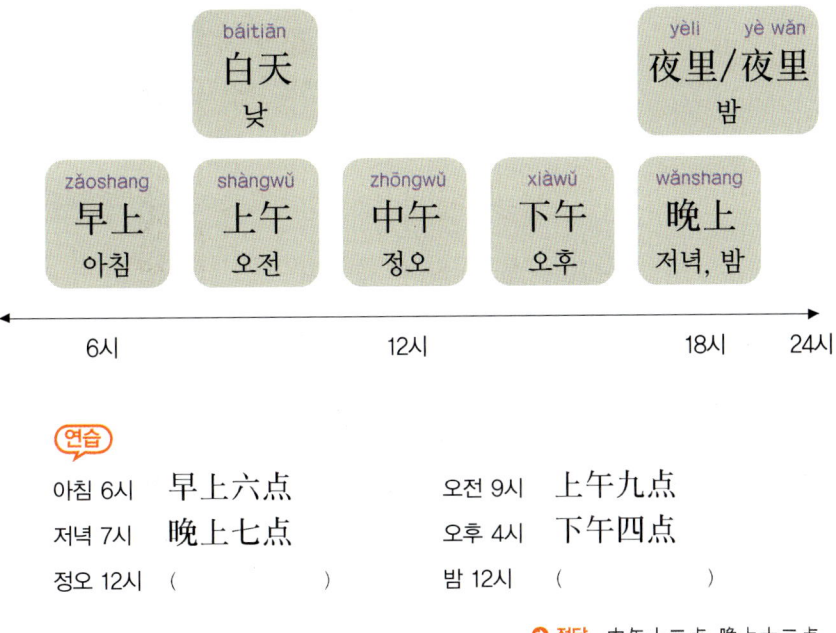

연습

아침 6시	早上六点	오전 9시	上午九点
저녁 7시	晚上七点	오후 4시	下午四点
정오 12시	( )	밤 12시	( )

➡ 정답 中午十二点, 晚上十二点

3 하루 일과 표현

Nǐ jǐ diǎn zuò shénme?
你 几 点 做 什么?

qǐchuáng
起床
일어나다

chī fàn
吃饭
밥 먹다

shàng bān
上班
출근하다

gōngzuò
工作
일하다

shàng xué
上学
학교 가다

shàng kè
上课
수업듣다

huí jiā
回家
집에 오다

shuì jiào
睡觉
잠자다

연습

① 我六点起床。

② 我七点_____。

③ 我_____。

④ _____。

⑤ _____。

정답 ② 吃饭 ③ 八点上班 ④ 我六点回家 ⑤ 我十二点睡觉

문형 연습

* 시간을 중국어로 써 보세요.

1 시간 말하기

 아침 7시 15분 _____

 오전 11시 30분 _____

 점심 12시 _____

 오후 4시 45분 _____

* 당신의 하루를 생각하며 대답해 보세요. 필요할 때는 상자 안의 단어를 이용하세요.

2 하루 일과 말하기

① 你几点起床? _____

② 你吃早饭吗? 几点吃? _____

③ 你上午几点上班/上学? _____

④ 你每天晚上做什么? _____

⑤ 你周末做什么? _____

看电视 kàn diànshì TV보다	看电影 kàn diànyǐng 영화보다
去公园 qù gōngyuán 공원가다	散步 sànbù 산책하다
运动 yùndòng 운동하다	逛街 guàng jiē 쇼핑하다
听音乐 tīng yīnyuè 음악 듣다	念书 niàn shū 공부하다
睡觉 shuì jiào 잠자다	

 발음 연습

 녹음을 잘 듣고, 다음 병음에 성조 표기를 하세요.

① dianshi　　② yundong　　③ shui jiao　　④ xi zao

 녹음을 듣고, 두 개 중 어떤 발음을 했는지 고르세요.

① an　　　② yin　　　③ yan　　　④ wan
　ang　　　　ying　　　　yang　　　　wang

3 녹음을 들으며 다음 문장을 빠르고 정확하게 발음해 봅시다.

sì shì sì, shí shì shí, shísì shì shísì, sìshí shì sìshí.
四是四，十是十，十四是十四，四十是四十。

• 학습목표
1. 날짜 말하기
2. 요일 말하기

10

Jīntiān jǐ yuè jǐ hào?
今天几月几号?
오늘이 몇 월 몇 일이죠?

Jīnnián zhōngqiūjié shì jǐ yuè jǐ hào?
今年 中秋节 是 几 月 几 号?
올해 추석이 몇월 몇일이죠?

Jīnnián zhōngqiūjié shì jiǔ yuè èrshí wǔ hào.
今年 中秋节 是 九 月 二十 五 号。
올해 추석은 9월 25일이에요.

이번과의 핵심 문장

Jǐ yuè jǐ hào?
几月几号? 몇 월 몇 일입니까?

월과 일은 「月 yuè」와 「号 hào」를 씁니다. 4월 5일은 四月五号, 3월 11일은 三月十一号라고 말하지요. 그러나 신문 등의 서면상에서는 号 대신 「日 rì」를 씁니다. 중국도 음력과 양력이 있어, 춘절이나 중추절 등의 전통 명절은 음력으로 지내기 때문에 매년 날짜가 바뀐답니다. 음력은 阴历 yīnlì, 양력은 阳历 yánglì라고 합니다.

117

한 문장 말하기

Jīntiān jǐ yuè jǐ hào?
今天 几 月 几 号?
오늘이 몇 월 몇 일이에요?

* 몇 월 몇 일이냐고 물을 때 의문 수사 几를 씁니다. 几는 보통 10 이하의 작은 수를 물을 때 쓰지만, 날짜나 시간 등 구체적인 단위를 물을 때는 문제가 없습니다.

Jīntiān jiǔ yuè shíbā hào.
今天 九 月 十八 号。
오늘은 9월 18일입니다.

Míngtiān xīngqī jǐ?
明天 星期 几?
내일은 무슨 요일이죠?

* 무슨 요일인지 물을 때, 중국어로는 几를 써서 '몇 요일'이라고 해야 합니다.
  jīntiān xīngqī jǐ?
  今天 星期 几?
  오늘 무슨 요일이죠?

Míngtiān xīngqīsān.
明天 星期三。
내일은 수요일이에요.

生词 New words

月 yuè 월   号 hào 일   星期 xīngqī 요일

118

어순 탄탄 필수 기초 회화

①

A 　　Jīntiān　xīngqīwǔ　ba?
　　今天 星期五 吧?
　오늘 금요일이지?

B 　　Jīntiān　bú　shì　xīngqīwǔ,　shì　xīngqīliù.
　　今天 不 是 星期五, 是 星期六。
　오늘은 금요일이 아니라, 토요일이야.

②

A 　　Nǐ　xīngqī　jǐ　shàng　kè?
　　你 星期 几 上 课?
　너는 무슨 요일에 수업하니?

B 　　Wǒ　měi　xīngqīyī　sān　wǔ　shàng　kè.
　　我 每 星期一、三、五 上 课。
　나는 매주 월, 수, 금에 수업해.

③

A 　　Nǐ　de　shēngrì　shì　jǐ　yuè　jǐ　hào?
　　你 的 生日 是 几 月 几 号?
　네 생일이 몇 월 몇 일이니?

B 　　Wǒ　de　shēngrì　shì　shí　yuè　sì　hào.
　　我 的 生日 是 十 月 四 号。
　내 생일은 10월 4일이야.

生词 New words

吧 ba ~이죠?, ~하자　　上课 shàng kè 수업하다　　每 měi 매, 각, ..마다　　生日 shēngrì 생일

꼼꼼 강의 노트

① Jīntiān xīngqīwǔ ba?
今天星期五吧? 　오늘 금요일이지?

'오늘은 금요일이다', 중국어로는 「今天星期五。」라고 합니다. '금요일' 이라는 단어 자체가 술어의 역할을 하는 명사술어문이므로, 是가 필요하지 않습니다. 맨 뒤의 **吧**는 어기조사로서 '~이죠?' 라는 추측의 어감을 줍니다.

Nǐ shì Wáng lǎoshī ba?
你是王老师吧? 　당신이 왕 선생님이시죠?

Tā shì nǐ de àiren ba?
他是你的爱人吧? 　저 분이 당신 남편이죠?

② Jīntiān bú shì xīngqīwǔ, shì xīngqīliù.
今天不是星期五, 是星期六。
오늘은 금요일이 아니라, 토요일이야.

금요일이냐고 물었는데, 금요일이 아닙니다. 그럴 때는 「不是A, 是 B(A가 아니고 B이다)」문형을 사용하여 정정해 줍니다.

③ Nǐ xīngqī jǐ shàng kè?
你星期几上课? 　너는 무슨 요일에 수업하니?

중국어의 요일은 星期 뒤에 월요일~토요일은 一~六까지 써 주고, 일요일은 天을 붙여줍니다. 숫자가 들어가는 자리에 의문수사 几를 넣어주면 '무슨 요일' 이라는 뜻이 되지요.

④ Wǒ měi xīngqīyī sān wǔ shàng kè.
我每星期一、三、五上课。 나는 매주 월, 수, 금에 수업해.

'매~마다'라고 할 때 每를 써 줍니다. 每星期一는 매주 월요일, 每星期六는 매주 토요일입니다. '월, 수, 금'은 星期 뒤에 요일에 맞는 숫자만 붙여주면 OK.

xīngqī yī, sān, wǔ
星期 一、三、五   월, 수, 금

xīngqī èr, sì
星期 二、四   화, 목

⑤ Nǐ de shēngrì shì jǐ yuè jǐ hào?
你的生日是几月几号? 네 생일이 몇 월 몇 일이니?

생일을 묻는 표현입니다. 가운데 是는 생략해도 무방합니다.

⑥ Wǒ de shēngrì shì shí yuè sì hào.
我的生日是十月四号。 내 생일은 10월 4일이야.

Wǒ de shēngrì(shì) yī yuè shí hào.
我 的 生日(是) 一 月 十 号。
내 생일은 1월 10일이다.

Wǒ mèimei de shēngrì(shì) wǔ yuè èrshí liù hào.
我 妹妹 的 生日(是) 五 月 二十 六 号。
내 여동생 생일은 5월 26일이다.

고쌤의 어법 노트

1. 几月几号, 星期几? 몇 월 며칠, 무슨 요일?

중국어로 월, 일, 요일을 말하는 표현을 배워봅시다.

〈월 月 yuè〉

1월	一月 yī yuè	2월	二月 èr yuè	3월	三月 sān yuè
4월	四月 sì yuè	5월	五月 wǔ yuè	6월	六月 liù yuè
7월	七月 qī yuè	8월	八月 bā yuè	9월	九月 jiǔ yuè
10월	十月 shí yuè	11월	十一月 shíyī yuè	12월	十二月 shí'èr yuè

• 一月는 서수이기 때문에 一을 1성 그대로 읽습니다.

〈일 号 hào〉

一号, 二号, 三号…, 三十一号
yī hào, èr hào, sān hào…, sānshí yī hào

• 서면어에서는 号대신 日을 씁니다.

〈요일〉

월요일	화요일	수요일	목요일	금요일	토요일	일요일
星期一 xīngqīyī	星期二 xīngqī'èr	星期三 xīngqīsān	星期四 xīngqīsì	星期五 xīngqīwǔ	星期六 xīngqīliù	星期天 xīngqītiān

• 星期 xīngqī 대신 礼拜 lǐbài를 써서 礼拜一, 礼拜二…礼拜天으로 읽기도 합니다.

2 과거, 현재, 미래를 나타내는 시간사

[일]	qiántiān 前天 그저께	zuótiān 昨天 어제	jīntiān 今天 오늘	míngtiān 明天 내일	hòutiān 后天 모레
[년]	qiánnián 前年 재작년	qùnián 去年 작년	jīnnián 今年 올해	míngnián 明年 내년	hòunián 后年 내후년

[주]	shàng ge xīngqī 上 个 星期 지난 주	zhè ge xīngqī 这 个 星期 이번 주	xià ge xīngqī 下 个 星期 다음 주
[월]	shàng ge yuè 上 个 月 지난 달	zhè ge yuè 这 个 月 이번 달	xià ge yuè 下 个 月 다음 달

3 명사 술어문 총정리

명사 술어문은 명사가 문장의 술어가 되는 문장입니다. '~입니다' 에 해당하는 「是」가 들어가 있지 않지요. 이런 문장 형식은 시간, 가격, 날짜, 요일, 나이 등을 말할 때 주로 회화체에서 많이 사용됩니다.

[가격] Zhège wǔshí kuài.
这个 五十 块。 이것은 50원이에요.

[시간] Xiànzài liǎng diǎn shí fēn.
现在 两 点 十 分。 지금은 두 시 십 분이에요.

[날짜] Jīntiān wǔ yuè shísān hào.
今天 五 月 十三 号。 오늘은 5월 13일이에요.

[요일] Míngtiān xīngqīliù.
明天 星期六。 내일은 토요일이에요.

[나이]
Tā èrshí suì, wǒ èrshí wǔ suì.
他 二十 岁, 我 二十 五 岁。
그는 스무살 이고, 나는 스물 다섯 살이에요.

명사 술어문은 말하고자 하는 내용을 직접적으로 설명하고 서술하는 문장이므로, 보통은 부정형식으로 쓰이지 않습니다. 그러나 강조하거나 반박할 때는 是나 不是를 넣어 설명합니다.

(강조)
Jīntiān xīngqīsì, míngtiān shì xīngqīwǔ.
今天 星期四, 明天 是 星期五。
오늘은 목요일이고, 내일이 금요일이야.

(정정)
Wǒ de shēngrì bú shì jīntiān, shì míngtiān.
我 的 生日 不 是 今天, 是 明天。
내 생일은 오늘이 아니라, 내일이야.

Xiànzài bú shì sān diǎn, shì sì diǎn.
现在 不 是 三 点, 是 四 点。
지금은 세 시가 아니라, 네 시야.

 岁 suì (나이) ~살, ~세

중국의 명절과 기념일

春节	Chūnjié	음력 1월 1일	설, 구정
劳动节	Láodòngjié	5월 1일	노동절
母亲节	M(u)qīnjié	5월 두번째 토요일	어머니의 날
父亲节	Fùqīnjié	6월 3번째 일요일	아버지의 날
中秋节	Zhōngqiūjié	음력 8월 15일	추석
教师节	Jiàoshījié	9월 10일	스승의 날
国庆节	Guóqìngjié	10월 1일	중화인민공화국 건국기념일
圣诞节	Shèngdànjié	12월 25일	크리스마스

문형 연습

* 달력을 보고 질문에 답하세요.

1 날짜 말하기

Q »

今天是九月十号, 星期一。

① 明天星期几? _____
② 后天几号? _____
③ 这个星期六是几号?
_____
④ 佳佳的生日是几号?
_____

* 한국어 문장을 보고 아래의 중국어 문장을 완성시켜 보세요.

2 시간사 넣기

> 오늘은 7월 5일, 토요일입니다.
> 나는 아침 8시에 일어나서, 점심에 친구 집에 갑니다.
> 오후에는 영화를 보고, 저녁 7시에 밥을 먹습니다.
> 밤에는 중국어 공부를 하고 11시에 잠을 잡니다.

> 今天七___五___, 星期___。
> 我_____八点起床, _____去朋友家。
> _____看电影, _____吃晚饭。
> 晚上学习汉语, _____睡觉。

生词 New words

佳佳 Jiājiā [인명]지아지아   学习 xuéxí 공부하다

발음 연습

1 녹음을 잘 듣고 받아쓰기해 보세요.
① 今天 _____ 。
② 明天 _____ 。
③ 我的生日 _____ 。

2 녹음을 잘 듣고, 보기의 스케줄표와 맞지 않는 것을 고르세요.

8月13号	星期一	去医院	병원 가다
14号	星期三	上汉语课	중국어 수업
15号	星期三	跟王明吃午饭	왕밍과 점심
16号	星期四	上英语课	영어 수업
17号	星期五	晚上去跳舞	저녁에 클럽
18号	星期六	我的生日	내 생일!
19号	星期天	上午去教会	오전에 교회

①　　　　②　　　　③　　　　④

3 병음을 표기하는 방법에는 정해진 규칙이 있습니다. 틀리기 쉬운 한어 병음 정사법을 정리해 봅시다.

① 음절 뒤에 운모 a, o, e로 시작되는 발음이 오면, 운모 앞에 격음부호를 붙인다. 天安门 Tiān'ānmén 천안문, 女儿 nǚ'ér 딸

② 동사와 목적어로 이루어진 단어는 띄어 쓴다.
睡觉 shuì jiào (睡: 자다, 觉: 잠)
见面 jiàn miàn (见: 보다, 面: 얼굴)

③ 고유명사의 첫 글자는 항상 대문자로 쓰고, 인명은 성과 이름의 첫 글자를 대문자로 쓴다. 中国 Zhōngguó, 张国荣 Zhāng Guóróng 장국영

生词 New words
跟 gēn …와　　王明 Wang Míng [인명]왕밍　　跳舞 tiào wǔ 춤추다　　教会 jiàohuì 교회

2부 발음연습 답

▶ **1과**

1. ① hěn hǎo ② jiārén ③ xièxie ④ guì
2. 녹음원문
   ① hěn máng ② hěn piányi ③ hěn lèi
   ④ hěn è

▶ **2과**

1. 5-3-1-4-2 (wǔ – è – yí – yǔ – ā)
2. ① (① xiè ② mǎi ③ qù ④ kàn)
3. ① bú qù ② bú kàn ③ bú lèi ④ bú è
4. ① niàn shū, 책 읽다
   ② chī fàn, 밥 먹다
   ③ mǎi dōngxi, 물건 사다
   ④ qù shāngdiàn, 상점에 가다
   ⑤ mǎi qiǎokèlì, 초콜렛을 사다

▶ **3과**

1. ① qī ② dū ③ pā ④ zhī
2. ① lǎoshī ② xuésheng ③ gōngsī zhíyuán
   ④ nǎ guó rén
3. ① Jiānádà ② Yìdàlì ③ Chéng Lóng
   ④ Dèng Xiǎopíng

▶ **4과**

1. ① àiren ② péngyou ③ míngpiàn ④ zázhì
2. ① 书包 ✕ (shūbào → shūbāo)
   ② 报纸 ○ (bàozhǐ)
   ③ 本子 ○ (běnzi)
   ④ 眼镜 ✕ (yǎnjǐng → yǎnjìng)
3. ① Běijīngkǎoyā ② diànyǐng
   ③ nǚpéngyou ④ Zhōngguórén

▶ **5과**

1. 녹음원문
   ① sù–shù–sì ② cū–chī–cī ③ jī–zhī–zi
2. ① 去 qù ② 学生 xuésheng ③ 就 jiù
3. ① Wǒ zài sùshè lǐbian.
   ② Yóujú zài gōngsī pángbiān.
   ③ Wǒ de xuéxiào zài yóujú duìmian.

▶ **6과**

1. ① kòng ② cídiǎn ③ qián
2. ① Q(ī)ng dǎo ② B(ěi)jīng ③ Shàngh(ǎi)
   ④ Táiw(ān)
3. ① mǎi 买 사나 ② bāo 包 가방
   ③ zǎo 早 이르다 ④ cǎo 草 풀

▶ **7과**

1. ① píng ② zhāng ③ zhī ④ běn
2. ① 五斤苹果 ② 三瓶可乐
   ③ 两个面包 ④ 一只狗
3. 녹음원문
   ① yì bēi ② yì píng ③ yì běn ④ yí jiàn
4. ① cǎoméi ② pútao ③ xīguā ④ píngguǒ

▶ **8과**

1. ① cūn ② zūn ③ jiǔ ④ duì
2. ① niúnǎi ② qìchē ③ mántou
   ④ zìxíngchē
3. 녹음원문
   ① zhuōzi ② páizi ③ guǒzi ④ tàitai

▶ **9과**

1. ① diànshì ② yùndòng ③ shuì jiào
   ④ xǐ zǎo
2. ① an ② ying ③ yan ④ wan
3. 녹음원문
   四 是 四, 十 是 十, 十四 是 十四, 四十 是 四十。(sì shì sì, shí shì shí, shí sì shì shí sì, sì shí shì sì shí.)

▶ **10과**

1. ① 今天 星期六。 ② 明天 十月十三号。
   ③ 我的生日 是五月八号。
2. 녹음원문
   ① 我八月十三号去医院。
      나는 8월 13일에 병원에 갑니다.
   ② 我八月十五号跟王明吃午饭。
      나는 8월 15일에 왕밍과 점심을 먹습니다.
   ③ 八月十七号是我的生日。(✕)
      8월 17일은 내 생일입니다.
   ④ 我八月十九号上午去教会。
      나는 8월 19일 오전에 교회에 갑니다.

쉬어가기 코너

月亮代表我的心
yuèliang dàibiǎo wǒ de xīn

저 달빛이 내 마음을 대신하네

— 邓丽君

Nǐ wèn wǒ ài nǐ yǒu duō shēn, wǒ ài nǐ yǒu jǐ fēn
你问我爱你有多深，我爱你有几分
당신은 내게 물었죠. 내가 당신을 얼마나 사랑하는지

Wǒ de qíng yě zhēn, wǒ de ài yě zhēn, yuèliang dàibiǎo wǒ de xīn
我的情也真，我的爱也真，月亮代表我的心
나의 정은 진실해요, 내 사랑은 진실해요, 저 달빛이 내 마음을 대신하네요.

Nǐ wèn wǒ ài nǐ yǒu duō shēn, wǒ ài nǐ yǒu jǐ fēn
你问我爱你有多深，我爱你有几分
당신은 내게 물었죠. 내가 당신을 얼마나 사랑하는지

Wǒ de qíng bù yí, wǒ de ài bú biàn, yuèliang dàibiǎo wǒ de xīn
我的情不移，我的爱不变，月亮代表我的心
나의 정은 떠나지 않아요, 내 사랑은 변하지 않아요, 저 달빛이 내 마음을 대신해요.

Qīng qīng de yí ge wěn, yǐjīng dǎ dòng wǒ de xīn
轻轻的一个吻，已经打动我的心
부드러운 입맞춤은 이미 내 마음을 흔들어놓았고

Shēnshen de yí duàn qíng, jiào wǒ sīniàndào rújīn
深深的一段情，叫我思念到如今
아련한 그리움은 지금까지 당신을 그리게 하는군요.

Nǐ wèn wǒ ài nǐ yǒu duō shēn, wǒ ài nǐ yǒu jǐ fēn
你问我爱你有多深，我爱你有几分
당신은 내게 물었죠. 내가 당신을 얼마나 사랑하는지

Nǐ qù xiǎng yi xiǎng, nǐ qù kàn yi kàn, yuèliang dàibiǎo wǒ de xīn
你去想一想，你去看一看，月亮代表我的心
한번 생각해 보세요, 가서 한번 바라보세요, 저 달빛이 내 마음을 대신해 줘요.

3

실제상황 속으로

상황별 실전 회화 공부 Tip!

제2부에서 중국어의 기본 어순과 기초 회화를 잘 익히셨나요? 이제는 한 걸음 더 나아가 세 명의 주인공과 함께 실전 회화에 들어갑니다. 한국을 좋아하는 중국 대학생 乐乐, 乐乐의 예쁜 여자 친구인 佳佳, 그리고 북경에 막 유학온 한국인 이나영(李娜英), 이 친구들이 나누는 대화문 속에 우리가 배워야 할 필수 어법과 문형들이 숨어있습니다. 문장을 낱낱이 뜯어서 이해하고, 필수적인 어법과 표현을 자세히 공부합시다.

3부 목차

11과 好久不见! 오랜만이에요! • *131* / 12과 你是从哪儿来的? 당신은 어디에서 왔나요? • *139* / 13과 你家有几口人? 당신 가족은 몇 명이에요? • *147* / 14과 你今年多大? 올해 몇 살이에요? • *155* / 15과 你们想吃什么? 당신들 뭐 드시고 싶으세요? • *163* / 16과 热的还是冰的? 뜨거운 거요 차가운 거요? • *171* / 17과 你在干什么? 당신 뭐 하고 있어요? • *179* / 18과 你吃饭了吗? 밥 먹었어요? • *187*/ 19과 墙上挂着全家福。 벽에 가족 사진이 걸려 있어요. • *195* / 20과 你喝过茉莉花茶吗? 당신 자스민 차 드셔 보셨어요? • *203*

Lǎotiān bú fù kǔ xīn rén

老天不负苦心人。

하늘은 스스로 돕는 자를 돕는다.

● 학습목표 1. 다양한 정도부사 익히기
           2. 자주 쓰이는 형용사

11 Hǎo jiǔ bú jiàn!
好久不见!

실제 상황 속으로

> 중국인처럼 말해보아요~

乐乐가 막 한국여행을 마치고 돌아왔어요. 친구 佳佳가 반갑게 맞이하며 안부를 묻네요.

乐乐 Nǐ hǎo! Hǎo jiǔ bú jiàn!
你 好! 好 久 不 见!
안녕! 오랫만이다!

佳佳 Huānyíng huānyíng! Nǐ hǎo ma?
欢迎 欢迎! 你 好 吗?
환영해, 잘 지냈니?

乐乐 Wǒ hěn hǎo. Nǐ ne?
我 很 好, 你 呢?
잘 지냈지, 너는?

佳佳 Wǒ yě hěn hǎo. Lǚxíng yúkuài ma?
我 也 很 好。旅行 愉快 吗?
나도 잘 지냈어. 여행 즐거웠니?

乐乐 Fēicháng yúkuài!
非常 愉快!
무척 즐거웠어!

生词 New words

好 hǎo 매우, 꽤   久 jiǔ 오래다   见 jiàn 보다, 만나다   欢迎 huānyíng 환영하다
旅行 lǚxíng 여행(하다)   愉快 yúkuài 즐겁다   非常 fēicháng 굉장히, 무척
고유명사 乐乐 Lèlè 러러   佳佳 jiājiā 지아지아

꼼꼼 강의 노트

① 你好! 好久不见! (Nǐ hǎo! Hǎo jiǔ bú jiàn!)   안녕! 오랫만이다!

「好久不见」은 오랜만에 만났을 때 하는 인사입니다. '好'는 여기서 부사로 '매우'라는 뜻이고, '见'은 '만나다, 보다'라는 동사입니다. 직역하면 '매우 오랫동안 만나지 못했다'라는 뜻이지요. '好'는 이처럼 수량사나 시간을 나타내는 말 앞에서 많거나 오래됐다는 뜻을 나타낼 수 있습니다.

好久 (hǎo jiǔ)   매우 오랫동안

好几个 (hǎo jǐ ge)   여러 개   ● 여기서 几는 의문사가 아니라 단순히 '몇'이라는 뜻.

② 欢迎欢迎! 你好吗? (Huānyíng huānyíng! Nǐ hǎo ma?)   환영해, 잘 지냈니?

중국인들은 동어반복을 참 좋아하는 것 같아요. 환영합니다! 라고 하는 말도 '欢迎欢迎' 두 번씩 반복하지요. 일상 회화 중에 이렇게 반복하는 말을 많이 들을 수 있답니다.

你好, 你好! (Nǐ hǎo, nǐ hǎo!)   안녕하세요!

很好, 很好! (Hěn hǎo, hěn hǎo!)   좋습니다!

对, 对, 对! (Duì, duì, duì!)   맞아요!   ● 对는 매우 빨리 말해서, 3~5회는 너끈히 반복하지요.

③ 我很好, 你呢? (Wǒ hěn hǎo. Nǐ ne?)   잘 지냈지, 너는?

呢는 앞에서 배운 대로 생략형 의문문에 쓰이는 어기조사입니다.

④ 我也很好。旅行愉快吗?
Wǒ yě hěn hǎo. Lǚxíng yúkuài ma?

나도 잘 지냈어. 여행 즐거웠니?

여행은 '旅行 lǚxíng' 혹은 '旅游 lǚyóu'라고 합니다. '여행 즐거웠니?' 이 문장은 형용사 술어문이네요.

⑤ 非常愉快!
Fēicháng yúkuài!

무척 즐거웠어!

'非常'이라는 정도부사가 출현했습니다. 2부의 형용사 술어문에서는 정도부사 '很'만 배웠는데요. 그 때의 '很'은 특별히 해석해 주지 않는 단순한 액세서리의 개념이었지요. 하지만 다른 정도부사는 모두 제 나름의 의미를 가지고 형용사를 수식해 준답니다. (→ 어법노트 참고)

고쌤의 어법 노트

1 형용사 술어문의 감초 '정도부사'

모든 부사는 문장의 기본 뼈대 위에 더해져서, 문장의 맛을 살리고 의미를 더해주는 중요한 재료입니다. 그 중에서도 정도부사는 술어의 정도가 어떠한지를 알려줍니다. 예를 들어,

汉语 比较 难。   중국어는 비교적 어렵다.
Hànyǔ bǐjiào nán.

汉语 非常 难。   중국어는 무척 어렵다.
Hànyǔ fēicháng nán.

중국어의 정도부사는 각각 나름대로의 색채를 가지고 회화의 맛을 톡톡히 살려내는 역할을 합니다. 각 부사의 의미를 정확히 알고 하고 싶은 말을 잘 표현할 수 있으려면, 문장 속에서 정도부사가 어떻게 쓰이는지를 많이 듣고 보아야 할 것입니다.

非常 愉快！   무척 즐거워요!
Fēicháng yúkuài!

真 有意思！   정말 재미있다!
Zhēn yǒuyìsi!

特别 好看！   특별히 보기 좋다!
Tèbié hǎokàn!

相当 不错！   상당히 좋다!
Xiāngdāng búcuò!

太 好 了！   너무 좋다!   ● 太~了는 '너무 ~하다'는 관용표현
Tài hǎo le!

有点儿 忙。   좀 바빠.
Yǒudiǎnr máng.

那个 更 大。   저게 더 크다.
Nàge gèng dà.

这个 最 好。   이게 제일 좋다.
Zhège zuì hǎo.

2 자주 쓰이는 형용사

이번에는 정도부사를 붙여 다양하게 연습해 볼 수 있도록 자주 쓰이는 형용사들을 그림을 통해 배워봅니다. 상반되는 뜻을 가진 형용사끼리는 더 쉽게 외워진답니다.

dà
大
크다

xiǎo
小
작다

cháng
长
길다

duǎn
短
짧다

yuǎn
远
멀다

jìn
近
가깝다

gāo
高
키가 크다

ǎi
矮
키가 작다

pàng
胖
뚱뚱하다

shòu
瘦
말랐다

문형 연습

* 상자 안에 있는 정도부사를 이용해 중국어 문장을 완성해 보세요.

정도 부사 연습

① 我 [ ] 忙。 Wǒ máng. 나는 비교적 바쁩니다.

② 汉语 [ ] 难。 Hànyǔ nán. 중국어는 조금 어렵습니다.

③ 她 [ ] 漂亮。 Tā piàoliang. 그녀는 정말 아름답습니다.

④ 旅行 [ ] 愉快。 Lǚxíng yúkuài. 여행은 무척 즐거웠어요.

⑤ 他 [ ] 有意思。 Tā yǒuyìsi. 그는 정말 재미있어요.

⑥ 这个 [ ] 好。 Zhège hǎo. 이것이 제일 좋아요.

⑦ 这 电影 [ ] 好看。 Zhè diànyǐng hǎokàn. 이 영화는 상당히 볼 만해요.

⑧ 你 的 汉语 [ ] 不错。 Nǐ de hànyǔ búcuò. 너 중국어 정말 잘한다.

⑨ 他 的 手机 [ ] 好。 Tā de shǒujī hǎo. 그의 핸드폰은 특별히 좋다.

⑩ 她 女儿 [ ] 可爱。 Tā nǚ'ér kě'ài. 그녀의 딸은 무척 귀엽다.

非常 fēicháng	真 zhēn	很 hěn	最 zuì
相当 xiāngdāng	有点儿 yǒudiǎnr	特别 tèbié	比较 bǐjiào

듣고 쓰는 연습 문제

1 녹음을 들으며 다음 대화의 빈칸을 채워 보세요.

① A: 你好吗?
　B: 我__好，你呢?
　A: 你__ __好。你忙不忙?
　B: 我____忙。你家人__好吗?
　A: 他们____很好，谢谢。

② A: 她是谁?
　B: 她是我妹妹。
　A: 你妹妹____漂亮!
　B: 也____聪明。
　A: 哇! __棒__!

生词 New words

聪明 cōngmíng 총명하다　　哇 wā (감탄사) 와!　　棒 bàng 훌륭하다, 좋다

2 그림을 보고 녹음을 들으며 질문에 답해 보세요.

① A: 你忙不忙?
　B: _____。

② A: 你累吗?
　B: _____。

③ A: 中国菜好吃吗?
　B: _____。

Memo

● 학습목표
1. 자기 출신지 말하기
2. 이름 묻고 대답하기
3. 是~的 구문

12 你是从哪儿来的?
Nǐ shì cóng nǎr lái de?

실제 상황 속으로
중국인처럼 말해보아요~

乐乐가 한국인 친구 나영을 알게 되었습니다. 서로 자기 소개를 하네요.

乐乐 请问, 你是韩国人吗?
Qǐng wèn, Nǐ shì Hánguó rén ma?
실례지만, 당신 한국인이세요?

娜英 是的, 我是从首尔来的。
Shì de, Wǒ shì cóng Shǒu'ěr lái de.
예, 저는 서울에서 왔어요.

乐乐 我叫王乐乐。我是韩语系的学生。
Wǒ jiào Wáng Lèle. Wǒ shì Hányǔ xì de xuésheng.
저는 王乐乐라고 해요. 저는 한국어과 학생이에요.

娜英 你好, 王同学, 我叫李娜英。
Nǐ hǎo, Wáng tóngxué Wǒ jiào Lǐ Nàyīng.
안녕하세요, 왕 동학, 나는 이나영이에요.

乐乐 认识你很高兴!
Rènshi nǐ hěn gāoxìng!
만나서 정말 반가워요!

生词 New words

从 cóng ~로부터　　来 lái 오다　　叫 jiào ~라고 부르다　　韩语 Hányǔ 한국어
系 xì ~과, 전공　　同学 tóngxué 동학, 학우　　认识 rènshi 알다　　高兴 gāoxìng 기쁘다
名字 míngzi 이름　　**고유명사** » 首尔 Shǒu'ěr 서울　　李娜英 Lǐ Nàyīng 이나영

꼼꼼 강의 노트

1 Qǐng wèn, Nǐ shì Hánguó rén ma?
请问，你是韩国人吗？   실례지만, 당신 한국인이세요?

「请问」은 '실례지만'의 뜻으로 말을 걸 때 쓰는 표현입니다. '劳驾 láojià'라고도 합니다.

2 Shì de, Wǒ shì cóng Shǒu'ěr lái de.
是的，我是从首尔来的。   예, 저는 서울에서 왔어요.

'是的'는 '是'와 똑같이 '예'라는 뜻입니다. '我是从首尔来的'에서는 「是~的」 구문이 쓰였습니다. 从은 전치사로 영어의 'from(~로부터)'의 뜻과 같아요.

Wǒ shì cóng Běijīng lái de
我 是 从 北京 来 的。   나는 북경에서 왔어요.
Tā shì cóng Shànghǎi lái de.
他 是 从 上海 来 的。   그는 상해에서 왔어요.

3 Wǒ jiào Wáng Lèle. Wǒ shì Hányǔ xì de xuésheng.
我叫王乐乐。我是韩语系的学生。
저는 王乐乐라고 해요. 저는 한국어과 학생이에요.

이름을 묻거나 대답할 때는 「叫 jiào」라는 동사를 씁니다. 대학의 전공을 말할 때는 「~系 xì」를 사용하여 「我是中文系。(나는 중문과에요.)」 혹은 「我是中文系的学生。(나는 중문과 학생이에요)」이라고 말합니다.

Nǐ jiào shénme míngzi?
你 叫 什么 名字？   너는 이름이 뭐니?
Nǐ shì shénme xì de xuésheng?
你 是 什么 系 的 学生？   너는 무슨 과 학생이니?

④ _{Nǐ hǎo, Wáng tóngxué Wǒ jiào Lǐ Nàyīng.}
你好，王同学，我叫李娜英。

안녕하세요, 왕 동학, 나는 이나영이에요.

같은 학교를 다니는 학우를 부를 때 성을 앞에 붙여 '同学' 라고 부릅니다.
같은 반 학우는 「同班同学 tóngbān tóngxué」라고 한답니다.

⑤ _{Rènshi nǐ hěn gāoxìng!}
认识你很高兴!   만나서 정말 반가워요!

처음 만났을 때 자기 소개한 후 '만나서 반갑습니다' 라는 인사말이에요.

_{Rènshi nǐ hěn gāoxìng!}
认识 你 很 高兴!   만나서 반가워요.
_{Rènshi nǐ wǒ yě hěn gāoxìng!}
认识 你 我 也 很 高兴!   만나뵈서 저도 정말 반갑습니다.

고쌤의 어법 노트

1. 是~的 구문

이미 실현된 어떤 동작에 대해서, 그 동작이 행해진 시간, 장소, 방식, 목적 등을 강조하기 위해 쓰이는 구문이 바로 「是~的」 구문입니다.
「是~的」 구문에서는 是가 잘 생략됩니다. 그러나 부정문일 때는 是를 생략할 수 없습니다.

의문문 Nǐ shì cóng nǎr lái de?
你 是 从 哪儿 来 的?

긍정문 Wǒ (shì) cóng Běijīng lái de.
我 (是) 从 北京 来 的。

부정문 Wǒ bú shì cóng Běijīng lái de, shì cóng Shànghǎi lái de.
我 不是 从 北京 来 的, 是 从 上海 来 的。

| POINT | 是~的 : 이미 일어난 일에 대하여, 시간 장소 방식 등을 강조하기 위한 구문

❶ Nǐ shì cóng nǎr lái de?
你 是 从 哪儿 来的?   당신은 어디에서 왔나요?

Wǒ shì cóng Běijīng lái de.
• 我 是 从 北京 来的。
나는 북경에서 왔어요.

Wǒ shì cóng Shǒu'ěr lái de.
• 我 是 从 首尔 来的。
나는 서울에서 왔어요.

Wǒ shì cóng Chóngqìng lái de.
• 我 是 从 重庆 来的。
나는 중경에서 왔어요.

❷ <ruby>你<rt>Nǐ</rt></ruby> <ruby>是<rt>shì</rt></ruby> <ruby>什么<rt>shénme</rt></ruby> <ruby>时候<rt>shíhòu</rt></ruby> <ruby>来<rt>lái</rt></ruby> <ruby>的<rt>de</rt></ruby>?   당신은 언제 왔나요?

- <ruby>我<rt>Wǒ</rt></ruby> <ruby>是<rt>shì</rt></ruby> <ruby>上个月<rt>shàng ge yuè</rt></ruby> <ruby>来<rt>lái</rt></ruby> <ruby>的<rt>de</rt></ruby>。   나는 지난 달에 왔어요.
- <ruby>我<rt>Wǒ</rt></ruby> <ruby>是<rt>shì</rt></ruby> <ruby>上个星期<rt>shàng ge xīngqī</rt></ruby> <ruby>来<rt>lái</rt></ruby> <ruby>的<rt>de</rt></ruby>。   나는 지난 주에 왔어요.
- <ruby>我<rt>Wǒ</rt></ruby> <ruby>是<rt>shì</rt></ruby> <ruby>昨天<rt>zuótiān</rt></ruby> <ruby>来<rt>lái</rt></ruby> <ruby>的<rt>de</rt></ruby>。   나는 어제 왔어요.

❸ <ruby>你<rt>Nǐ</rt></ruby> <ruby>是<rt>shì</rt></ruby> <ruby>坐<rt>zuò</rt></ruby> <ruby>什么<rt>shénme</rt></ruby> <ruby>来<rt>lái</rt></ruby> <ruby>的<rt>de</rt></ruby>?   당신은 무엇을 타고 왔나요?

- <ruby>我<rt>Wǒ</rt></ruby> <ruby>是<rt>shì</rt></ruby> <ruby>坐<rt>zuò</rt></ruby> <ruby>公共汽车<rt>gōnggòngqìchē</rt></ruby> <ruby>来<rt>lái</rt></ruby> <ruby>的<rt>de</rt></ruby>。   저는 버스를 타고 왔어요.
- <ruby>我<rt>Wǒ</rt></ruby> <ruby>是<rt>shì</rt></ruby> <ruby>坐<rt>zuò</rt></ruby> <ruby>地铁<rt>dìtiě</rt></ruby> <ruby>来<rt>lái</rt></ruby> <ruby>的<rt>de</rt></ruby>。   나는 지하철을 타고 왔어요.
- <ruby>我<rt>wǒ</rt></ruby> <ruby>是<rt>shì</rt></ruby> <ruby>坐<rt>zuò</rt></ruby> <ruby>飞机<rt>fēijī</rt></ruby> <ruby>来<rt>lái</rt></ruby> <ruby>的<rt>de</rt></ruby>。   나는 비행기를 타고 왔어요.

> 坐 zuò 타다, 앉다   公共汽车 gōnggòng qìchē 버스
> 地铁 dìtiě 전철   飞机 fēijī 비행기

2 이름 묻고 대답하기

이름을 묻고 대답할 때는 '叫'라는 동사를 사용합니다. 또, 성만 묻고 대답할 수도 있는데, 특히 사회 생활 중에는 일반적으로 성을 먼저 묻는 경우가 많습니다. 대답할 때는 성만 대답할 수도 있고, 성과 이름을 함께 대답할 수도 있습니다. 성을 말한 후, '这是我的名片.' Zhè shì wǒ de míngpiàn. (여기 제 명함입니다.) 하며 명함을 건네기도 합니다.

[이름을 물을 때]

❶ 你 叫 什么 名字?
　Nǐ jiào shénme míngzi?
　당신은 이름이 무엇입니까?

　我 叫 李娜英。
　Wǒ jiào Lǐ Nàyīng.
　나는 이나영입니다.

[성을 물을 때]

❷ 您贵姓?
　Nín guì xìng?
　당신의 성은 무엇입니까?

　我 姓李。
　Wǒ xìng Lǐ.
　나는 李 씨입니다.

● 상대를 존중하는 의미에서 물을 때는 성 앞에 **贵**를 붙여주지만, 대답할 때는 **贵**를 떼고 말해야 합니다.

[성과 이름을 함께 대답할 때]

❸ 您贵姓?
　Nín guì xìng
　성이 무엇입니까?

　我姓李, 叫娜英。
　Wǒ xìng Lǐ, jiào Nàyīng.
　성은 '이' 구요, 이름은 '나영' 이에요.

[제3자의 성을 물을 때]

❹ 她 姓 什么?
　Tā xìng shénme?
　그녀의 성은 무엇입니까?

　她 姓刘。
　Tā xìng Liú.
　그녀의 성은 '유' 입니다.

● 제3자의 성을 물을 때에는 그냥 '성이 무엇이냐(**姓什么**)'라고 묻습니다.

문형 연습

* 상자 안의 단어들을 사용하여 중국어 자기소개문을 만들어 보세요.

자기 소개 연습

首尔 Shǒu'ěr	东京 Dōngjīng
上个星期六 shàng ge xīngqīliù	前天 qiántiān
飞机 fēijī	地铁 dìtiě
火车 huǒchē	中文系 Zhōngwén xì
历史系 Lìshǐ xì	

인명 》

金首露 Jīn Shǒulù 김수로   山田 Shāntián 야마다

① 김수로 씨의 자기 소개

- 나는 서울에서 왔습니다.
- 내 이름은 김수로입니다.
- 나는 지난 주 토요일에 왔구요, 비행기를 타고 왔습니다.
- 저는 역사학과 학생입니다.
- 여러분을 만나서 반갑습니다.

➡

② 야마다 씨의 자기 소개

- 여러분 안녕하세요?
- 저는 야마다 라고 합니다.
- 그저께 일본 동경에서 왔습니다.
- 저는 중문과 학생입니다.
- 여러분을 알게 되어 무척 반갑습니다.

➡

듣고 쓰는 연습 문제

 녹음을 들으며 다음 대화의 빈칸을 채워 보세요.

① A: 您贵姓？
　B: 我姓__。
　A: 你是中国人吗？
　B: ____，我是_____。
　A: 啊，是吗？对不起。
　B: 没关系。

② A: 你是什么时候来的？
　B: 我是____来的。
　A: 我是____一月来的。
　B: 你的汉语____不错。
　A: 哪里哪里。

 다음은 乐乐와 娜英의 대화입니다. 녹음을 잘 듣고 문제에 답해 보세요.

① 娜英是什么系的学生？

② 佳佳是韩语系的学生吗？

③ 佳佳是从哪儿来的？

生词 New words

哪里哪里 nǎli nǎli 아닙니다(사양의 표현)

13 你家有几口人？
Nǐ jiā yǒu jǐ kǒu rén?

● 학습목표
1. 가족 소개하기
2. 가족과 친척 호칭 알기
3. 怎么의 두 가지 용법 알기

실제 상황 속으로

중국인처럼 말해보아요~

乐乐와 娜英이 가족 소개를 하고 있습니다. 佳佳가 가족사진을 보여주네요.

乐乐 Nǐ jiā yǒu jǐ kǒu rén?
你家 有 几口人？
너희 가족은 몇 식구니?

佳佳 Wǒ jiā yǒu sì kǒu rén.
我家 有 四口人。
네 식구야.

乐乐 Nǐ shì bu shì lǎodà?
你 是不是 老大？
네가 첫째니?

佳佳 Shì de, nǐ zěnme zhīdào? Nǐ kàn, zhè shì wǒ mèimei.
是的，你 怎么 知道？你看，这是 我妹妹。
응, 어떻게 알았어? 봐, 얘가 내 여동생이야.

乐乐 Wā, nǐ mèimei zhēn kě'ài!
哇，你妹妹 真 可爱！
와, 네 여동생 정말 귀엽다!

生词 New words

- 老 lǎo 늙다, (접두) 항렬의 순서를 나타내는 접두어
- 大 dà 크다 / 연상, 손위이다
- 怎么 zěnme 어떻게, 어째서, 왜
- 可爱 kě'ài 귀엽다
- 知道 zhīdao 알다

꼼꼼 강의 노트

① Nǐ jiā yǒu jǐ kǒu rén?
你家有几口人? 너희 가족은 몇 식구니?

식구 수를 세는 양사는 「口」입니다. 우리말의 '식구(食口)'도 '먹는 입'이라는 뜻이니까 가족을 한솥밥을 먹는다는 뜻으로 생각하는 건 두 나라가 똑같네요.

② Wǒ jiā yǒu sì kǒu rén.
我家有四口人。 네 식구야.

이왕 양사가 나온 김에 사람을 세는 양사를 정리해봅시다. 식구수를 세는 양사는 口 kǒu, 일반적으로 사람을 세는 양사는 个 ge, 사람을 세는 존칭의 양사는 位 wèi입니다.

sān kǒu rén
三口人   세 식구

sān ge rén
三个人   세 사람

sān wèi lǎoshī
三位老师 세 분 선생님

③ Nǐ shì bu shì lǎodà?
你是不是老大? 네가 첫째니?

'큰 딸 아니에요?' '막내 맞죠?' 대화 중에 이런 말 많이 하죠. 형제자매의 서열은 老大(첫째)에서부터 老小(막내)까지 老 뒤에 숫자를 써서 나타냅니다. 둘째는 老二, 셋째는 老三이라고 한답니다.

④ _{Shì de, nǐ zěnme zhīdào? Nǐ kàn, zhè shì wǒ mèimei.}
是的，你怎么知道？你看，这是 我妹妹。
응, 어떻게 알았어? 봐, 얘가 내 여동생이야.

「怎么」는 '어떻게'라는 의문사입니다. 방식이나 과정, 원인 등을 묻는 데 쓰이지요.

_{Zěnme yòng?}
怎么用?   어떻게 사용해요?

_{Zěnme chī?}
怎么吃?   어떻게 먹어요?

_{Zěnme zǒu?}
怎么走?   어떻게 가요?

⑤ _{Wā, nǐ mèimei zhēn kě'ài!}
哇，你妹妹 真 可爱！   와, 네 여동생 정말 귀엽다!

哇는 감탄사(叹词)입니다. 감탄사는 각 나라마다 비슷하면서도 다르게 나타나는데요. 중국에서 많이 사용되는 감탄사는 다음과 같습니다.

_{wā}
哇 와!

_{āi}
哎 아이, 아이고 (탄식)

_{hēng}
哼 흥 (빈정대는 콧소리)

_a
啊 아!

_{ng}
嗯? 응?(의문)

_{yō}
唷 아니! (가볍게 놀라는 소리)

고쌤의 어법 노트

1 你家有几口人?

다음은 가족 관계를 묻고 대답하는 여러 가지 표현들입니다.

Q Nǐ jiā yǒu jǐ kǒu rén?
你家有几口人?
식구가 몇 명이에요?

- Wǒ jiā yǒu wǔ kǒu rén.
我家有五口人。
우리 가족은 다섯 명이에요.

Q Nǐ jiā dōu yǒu shénme rén?
你家都有什么人?
가족이 어떻게 되요?

- Bàba, māma, jiějie hé wǒ.
爸爸, 妈妈, 姐姐和我。
아빠, 엄마, 언니, 그리고 저입니다.

- àiren, yí ge nǚ'ér, yí ge érzi hé wǒ.
爱人, 一个女儿, 一个儿子和我。
배우자, 딸, 아들 그리고 저입니다.

Q Nǐ yǒu xiōngdì jiěmèi ma?
你有兄弟姐妹吗?
형제자매가 있나요?

- Wǒ (méi)yǒu xiōngdì jiěmèi.
我(没)有兄弟姐妹。
저는 형제 자매가 있어요/없어요.

Q Nǐ shì lǎo jǐ?
你是老几?
당신은 몇 째인가요?

- Wǒ shì lǎo'èr.
我是老二。
저는 둘째에요.

- Wǒ shì dúshēngzi(/dúshēngnǚ).
我是独生子(/独生女)。
저는 외아들(외동딸)이에요.

● 가족 관계 호칭

»上
爱人 àiren 배우자　　丈夫 zhàngfu 남편　　太太 tàitai 아내
孩子 háizi 아이　　公公 gōnggong 시아버지　　婆婆 pópo 시어머니
丈人 zhàngrén 장인　　丈母 zhàngmǔ 장모　　姑姑 gūgu 고모
伯父 bófù 큰아빠　　叔父 shūfù 작은아빠　　叔叔 shūshu 삼촌
阿姨 āyí 이모　　舅舅 jiùjiu 외삼촌

2 的의 생략

가족이나 친구 등의 인간관계 또는 자신의 소속 집단을 나타내는 말에는 조사 的를 생략할 수 있습니다.

nǐ mèimei
你妹妹 네 여동생

wǒ dìdi
我弟弟 네 남동생

wǒmen bān
我们班 우리 반

wǒmen xuéxiào
我们学校 우리 학교

wǒ péngyou
我朋友 내 친구

wǒ lǎoshī
我老师 내 선생님

wǒmen bùmén
我们部门 우리 부서

wǒmen gōngsī
我们公司 우리 회사

151

3 의문사 怎么

- 这个 字 怎么 念? (Zhège zì zěnme niàn?)   이 글자는 어떻게 읽나요?
- 你 怎么 不 吃 饭? (Nǐ zěnme bù chī fàn?)   너는 왜 밥을 안 먹니?

위의 두 문장에서 쓰인 怎么는 다른 용법을 가지고 있습니다. 첫번째 문장에서 쓰인 怎么는 방법을 묻는 것으로 '어떻게'의 뜻이고, 두 번째 문장의 怎么는 '어떻게'라고 해석할 수도 있지만, '왜'라는 의미가 강합니다.

방법의 怎么(어떻게)	이유의 怎么(어째서, 왜)
怎么 + 동사	怎么 + 부가 성분 + 동사
Zhège zěnme chī? 这个 怎么 吃? 이것은 어떻게 먹지?	Nǐ zěnme bú shàng bān? 你 怎么 不 上 班? 너 왜 출근 안 하니?
Zhège zěnme yòng? 这个 怎么 用? 이것은 어떻게 사용하지?	Nǐ zěnme bùzhīdao? 你 怎么 不 知道? 너 왜 몰라?
Zhège zì zěnme xiě? 这个 字 怎么 写? 이 글자는 어떻게 쓰지?	Tā zěnme míngtiān lái? 他 怎么 明天 来? 그는 왜 내일 오지?

- 이유의 怎么는 의구심을 나타내는 표현이므로, 방법을 묻는 怎么처럼 굳이 대답을 요구하지는 않습니다.

Tip & tips

怎么가 쓰이는 상용 의문문

怎么样?	Zěnmeyàng?	어때요? (상대의 의향을 물을 때)
你怎么了?	Nǐ zěnme le?	왜 그래? 어떻게 된 거야? (상대에게 무슨 문제가 있어 보일 때)
怎么办?	Zěnme bàn?	어떻게 하지? 어쩌지? (문제가 발생해서 걱정스러울 때)
怎么回事?	Zěnme huí shì?	어떻게 된 일이지? 무슨 일이야? (뭔가 이해할 수 없는 일에 대해)

문형 연습

1 그림을 보고 질문에 답해 보세요.

乐乐家　　　　　　　　　娜英家

① 乐乐家有几口人?　　　　　　① 娜英家有几口人?
　_____　　　　　　　_____

② 乐乐有兄弟姐妹吗?　　　　　② 她有没有姐姐?
　_____　　　　　　　_____

③ 乐乐有没有奶奶?　　　　　　③ 她的妹妹可爱吗?
　_____　　　　　　　_____

2 다음 질문에 자신의 상황에 맞게 답해 보세요.

① 你家有几口人?　　　_____
② 你有没有兄弟姐妹?　_____
③ 你家都有什么人?　　_____
④ 你有孩子吗?　　　　_____

153

듣고 쓰는 연습 문제

1 녹음을 잘 듣고, 내용과 일치하는 그림을 고르세요.

① _____ ② _____ ③ _____ ④ _____

2 녹음을 들으며 다음 회화문의 빈 칸을 채워보세요.

A: 你有兄弟姐妹吗?
B: 我_____兄弟姐妹。你呢?
A: 我有一个_____,一个_____。
B: 你有_____吗?
A: 有,你看,这是我的_____。
B: 哇! 你妈妈真漂亮!

生词 New words

家人照片　가족사진

● 학습목표
1. 나이 말하기
2. 띠 말하기
3. 비교문

14 你今年多大?
Nǐ jīnnián duō dà?

실제 상황 속으로
중국인처럼 말해보아요~

乐乐, 佳佳, 娜英이 나이와 띠에 관해 이야기하고 있습니다.

乐乐 娜英, 你今年多大?
Nàyīng, nǐ jīnnián duō dà?
나영아, 너 올해 몇 살이니?

娜英 我今年二十。你呢?
Wǒ jīnnián èrshí. Nǐ ne?
올해 스물이야, 너는?

乐乐 我比你大一岁。
Wǒ bǐ nǐ dà yí suì.
나는 너보다 한 살 많아.

佳佳 我跟娜英一样大。
Wǒ gēn Nàyīng yíyàng dà.
나는 나영이랑 나이가 같아.

娜英 乐乐, 你属什么?
Lèle, Nǐ shǔ shénme?
乐乐, 너 띠가 뭐니?

乐乐 我属马。
Wǒ shǔ mǎ.
나는 말 띠야.

娜英和佳佳 我们都属羊。
Wǒmen dōu shǔ yáng.
우리는 다 양 띠야.

生词 New words

多 duō 얼마나　　大 dà 나이가 많다　　比 bǐ ~보다　　岁 suì 살, 세　　跟 gēn ~와
一样 yíyàng 같다, 동일하다　　属 shǔ ~띠이다　　马 mǎ 말　　羊 yáng 양

155

꼼꼼 강의 노트

① Nàyīng, nǐ jīnnián duō dà?
娜英，你今年多大？ 나영아, 너 올해 몇 살이니?

「你今年多大?」는 나이를 묻는 말입니다. 여기서 大는 나이의 많음을 나타내는 형용사입니다. 앞에 붙은 多는 '얼마나' 라는 뜻의 부사로 의문문에 쓰여 정도를 나타냅니다.

Duō dà?
多大? 나이가 몇이에요?

Duō gāo?
多高? 높이가 얼마에요?

Duō yuǎn?
多远? 얼마나 멀어요?

② Wǒ jīnnián èrshí. nǐ ne?
我今年二十。你呢？ 올해 스물이야, 너는?

나이를 말할 때는 숫자 뒤에 岁(세, 살)를 붙여도 되고 생략해도 됩니다.

Wǒ jīnnián èrshí suì.
我 今年 二十 岁。 나는 올해 스무 살이에요.

Wǒ jīnnián bú shì èrshí suì, shì sānshí suì
我 今年 不 是 二十 岁，是 三十 岁。
나는 올해 스무 살이 아니라 서른 살이에요.

③ Wǒ bǐ nǐ dà yí suì.
我比你大一岁。 나는 너보다 한 살 많아.

비교문이 처음 등장했습니다. 비교문에는 비교를 나타내는 전치사 比를 사용하고, 술어 뒤에는 구체적인 차이를 나타내는 말을 사용할 수 있습니다.

Wǒ bǐ nǐ dà.
我 比 你 大。 나는 너보다 나이가 많다.

Wǒ bǐ nǐ dà yí suì.
我 比 你 大 一 岁。 나는 너보다 나이가 한 살 많다.

④ Wǒ gēn Nàyīng yíyàng dà.
我跟娜英一样大。 나는 나영이랑 나이가 같아.

A跟B一样 (A는 B와 같다)은 동등비교를 나타냅니다. 一样 뒤에 붙는 형용사는 어떻게 같은지를 나타냅니다.

Wǒ gēn nǐ yíyàng.
我 跟 你 一样。 나는 너와 같다.

Wǒ gēn nǐ yíyàng dà.
我 跟 你 一样 大。 나는 너와 나이가 같다.

⑤ Lèle, Nǐ shǔ shénme?
乐乐, 你属什么? 乐乐, 너 띠가 뭐니?

띠를 묻는 의문문입니다. 属shǔ는 원래 '~에 속하다' 라는 뜻인데, '~띠이다' 라는 동사로도 사용됩니다. (띠의 명칭 → 어법노트 참고)

Wǒ shǔ yáng.
我 属 羊。 나는 양 띠에요.

Wǒ shǔ hǔ.
我 属 虎。 나는 호랑이 띠에요.

고쌤의 어법 노트

1 나이 말하기

나이를 묻는 방법은 연령에 따라 다릅니다. 보통은 你今年多大? 로 물으면 되지만, 열 살 이하의 어린아이에게는 你几岁? 로, 나이가 많으신 어르신에게는 您多大年纪? 로 묻습니다.

어린이에게
Xiǎopéngyou, nǐ jīnnián jǐ suì?
小朋友, 你 今年 几 岁?

동년배에게
Qǐng wèn, nǐ jīnnián duō dà?
请问, 你 今年 多大?

어르신께
Qǐng wèn, nín jīnnián duō dà niánjì?
请问, 您 今年 多大 年纪?

2 띠 말하기

한국과 마찬가지로 중국도 띠 문화가 있습니다. 중국인들은 한국인들보다 띠를 굉장히 중시하고 영향도 많이 받는다고 합니다.

Nǐ shǔ shénme?　　　　　　Wǒ shǔ yáng.
你 属 什么? 띠가 뭐에요?　　我 属 羊。 나는 양 띠에요.

열두 띠 동물

쥐	소	호랑이	토끼	용	뱀
鼠	牛	虎	兔	龙	蛇
shǔ	niú	hǔ	tù	lóng	shé

말	양	원숭이	닭	개	돼지
马	羊	猴	鸡	狗	猪
mǎ	yáng	hóu	jī	gǒu	zhū

3 비교문

비교문은 '비교했을 때 어떤 차이가 있다' (차등비교), '비교해보니 같다/같지 않다(동등비교)'의 두 종류로 나누어 볼 수 있습니다. 아래와 같이 비교문을 만드는 형식을 익혀봅시다.

❶ A는 B 보다 ~하다

Wǒ bǐ nǐ gāo.
我 比 你 高。   나는 너보다 키가 크다.

❷ A는 B와 ~가 같다.

Wǒ gēn nǐ yíyàng gāo.
我 跟 你 一样 高。   나는 너와 키가 같다.

❸ A는 B보다 ~하지 않다

Wǒ méiyǒu nǐ gāo.
我 没有 你 高。   나는 너보다 키가 크지 않다.

Lèle bǐ Jiājiā gāo ma?
乐乐 比 佳佳 高 吗?

Lèle bǐ Jiājiā gāo.
- 乐乐 比 佳佳 高。

Jiājiā méiyǒu Lèle gāo.
- 佳佳 没有 乐乐 高。

Jiājiā gēn Nàyīng yíyàng gāo ma?
佳佳 跟 娜英 一样 高 吗?

Jiājiā gēn Nàyīng yíyàng gāo.
- 佳佳 跟 娜英 一样 高。

문형 연습

1 그림을 보고 질문에 답해 보세요.

① 爸爸今年多大年纪？　_____

② 妈妈今年多大年纪？　_____

③ 姐姐今年多大？　_____

④ 弟弟今年多大？　_____

＊ 그림을 보고 오른쪽의 비교문을 완성해 보세요.

2 비교문 연습

乐乐 21살　　娜英 20살

① 乐乐比娜英大_____。
娜英___乐乐___一岁。
娜英_____乐乐大。

娜英 20살　　佳佳 20살

② 娜英___佳佳_____大。

듣고 쓰는 연습 문제

1 나는 누구일까요? 내용을 잘 듣고 일치하는 것끼리 선을 연결하세요.

金先生 •   • 12岁 •   • 张老师的朋友

张老师 •   • 22岁 •   • 张美玲的爸爸

张美玲 •   • 55岁 •   • 明明的朋友

明明 •   • 21岁 •   • 张老师的学生

2 녹음을 잘 들으면서 다음 문장의 빈 칸을 채워 넣으세요.

我家有四口人。爱人，两个女儿，和我。

我今年_____。

我爱人比我____五岁。她很漂亮。

我的大女儿今年____。我的小女儿比她小三岁。

生词　New words

张美玲　Zhāng Měilíng　(인명)장메이링

Memo

● 학습목표
1. 하고 싶은 것 말하기 「想」
2. 좋아하는 것 말하기 「喜欢」
3. 연동문

15

Nǐmen xiǎng chī shénme?
你们想吃什么?

실제 상황 속으로

중국인처럼 말해보아요~

乐乐와 친구들이 함께 밥을 먹으러 갑니다. 무엇을 먹으러 갈까요?

娜英
Nǐmen qù nǎr?
你们 去 哪儿?
너희 어디 가니?

乐乐
Wǒmen qù chī fàn, zánmen yìqǐ zǒu ba!
我们 去 吃 饭, 咱们 一起 走 吧!
우리 밥 먹으러 가. 너도 같이 가자!

娜英
Hǎo a, nǐmen xiǎng chī shénme?
好啊, 你们 想 吃 什么?
좋아, 너희 뭐 먹고 싶은데?

乐乐
Wǒmen xiǎng chī Sìchuāncài, Sìchuāncài hěn là,
我们 想 吃 四川菜, 四川菜 很 辣,
우리는 사천요리를 먹고 싶어. 사천요리는 매운데,

nǐ xǐhuan ma?
你 喜欢 吗?
너 좋아하니?

娜英
Wǒ shì Hánguó rén, wǒ hěn xǐhuan chī là de.
我 是 韩国人, 我 很 喜欢 吃 辣 的。
나는 한국인이야. 나 매운 것 무척 좋아해.

生词 New words

咱们 zánmen 우리	走 zǒu 가다	啊 a 어기조사	想 xiǎng ~하고 싶다
四川菜 Sìchuāncài 사천요리	辣 là 맵다	喜欢 xǐhuan 좋아하다	

163

꼼꼼 강의 노트

① 你们去哪儿? Nǐmen qù nǎr? 너희 어디 가니?

회화에서는 去 대신 上이라는 동사를 써서 「你们上哪儿?」이라고 묻기도 합니다.

② 我们去吃饭, 咱们一起走吧! Wǒmen qù chī fàn, zánmen yìqǐ zǒu ba!
우리 밥 먹으러 가. 너도 같이 가자!

'~하러 간다'고 할 때 중국어로는 「去 + 동사(구)」를 연결시켜 말합니다. 이런 문장 형식을 연동문이라고 합니다.

去吃饭。 Qù chī fàn. 밥 먹으러 가다   去玩儿。 Qù wánr. 놀러 가다

③ 好啊! 你们想吃什么? Hǎo a, nǐmen xiǎng chī shénme? 좋아, 너희 뭐 먹고 싶은데?

'좋아!' 라고 할 때 好 뒤에 啊를 붙이면 승낙의 어기와 함께 밝고 가벼운 느낌을 더해 줍니다. 「你们想吃什么?」에서 「想」은 '~하고 싶다' 라는 뜻의 조동사입니다.

④ 我们想吃四川菜, 四川菜很辣, 你喜欢吗? Wǒmen xiǎng chī Sìchuāncài, Sìchuāncài hěn là, nǐ xǐhuan ma?
우리는 사천요리를 먹고 싶어. 사천요리는 매운데, 너 좋아하니?

喜欢은 '좋아하다' 라는 동사입니다. 你喜欢吗?라고 말은 상대방의 의향을 물어보는 뜻으로도 사용됩니다. 사천요리는 매운 맛으로 유명하기 때문에 나영에게 괜찮은지 물어보네요.

⑤ 我是韩国人, 我很喜欢吃辣的。 Wǒ shì Hánguó rén, wǒ hěn xǐhuan chī là de.
나는 한국인이야. 나 매운 것 무척 좋아해.

고추를 고추장에 찍어먹는 사람들이 한국인이지요. 이 문장에서 나영은 매운 맛에 자신감을 보이는데요. 중국의 매운 맛은 종류도 여러 가지라서 우리처럼 약간 달콤한 매운 맛을 예상하고 먹었다가는 얼얼하고 쓴 매운 맛에 놀라는 경우도 있으니 조심해야 됩니다.

고쌤의 어법 노트

1 연동문

'세수하고 밥 먹는다', '친구 집에 가서 논다'와 같이, 동작이 행해지는 시간상의 순서에 따라 연속적으로 동사구가 나타나는 문장을 연동문 이라고 합니다.

Qù   chī fàn.
去   吃饭。 가서 밥을 먹는다.(밥 먹으러 간다)

Qù fànguǎn chī fàn.
去 饭馆   吃饭。 식당에 가서 밥 먹는다.(식당에 밥 먹으러 간다.)

Qù   wánr.
去   玩儿。 가서 논다.

Qù péngyou jiā wánr.
去 朋友家   玩儿。 친구집에 가서 논다. (친구집에 놀러 간다.)

Lái wǒ jiā wánr.
来 我家   玩儿。 우리 집에 와서 놀아라. (우리 집에 놀러 와라.)

2 능원동사 想과 要

❶ 소망의 想 xiǎng

想은 능원동사(能愿动词)로서 '~하고 싶다'라는 뜻입니다. '능원(能愿)'이란 말에도 나타나 있듯이, 능원동사는 능력, 소망, 허락, 당위, 의욕 등의 뜻을 나타냅니다. 想은 그 가운데서도 의욕이나 소망을 나타내는 대표적인 능원동사입니다.

의문문 Nǐ xiǎng qù Zhōngguó ma?
你 **想 去** 中国 **吗**？ 너는 중국에 가고 싶니?

긍정문 Wǒ xiǎng qù Zhōngguó.
我 **想 去** 中国。 나는 중국에 가고 싶다.

부정문 Wǒ bù xiǎng qù Zhōngguó.
我 **不 想 去** 中国。 나는 중국에 가고 싶지 않다.

❷ 의지의 要

要는 '~하려 하다', '~해야 한다' 로 의지를 강하게 표현하는 능원동사입니다. 보통 要는 마음에 예정한 계획이나 희망 등을 말할 때 쓰이며, 想보다 더 강한 어감을 줍니다.

「~하려 한다」로 쓰인 경우

의문문
Nǐ yào qù Zhōngguó ma?
你 要 去 中国 吗? 넌 중국에 가려 하니?

긍정문
Wǒ yào qù Zhōngguó.
我 要 去 中国。 나는 중국에 가려고 해.

부정문
Wǒ bùxiǎng qù Zhōngguó.
我 不想 去 中国。 나는 중국에 가고 싶지 않아.

「~해야만 하다」로 쓰인 경우

Nǐ yào chī zhè yào.
你 要 吃 这 药。 너는 이 약을 먹어야 해.

Wǒ yídìng yào chī ma?
我 一定 要 吃 吗? 제가 꼭 먹어야 하나요?

부정문
Wǒ búyòng chī zhè yào.
我 不用 吃 这 药。 나는 이 약을 먹을 필요가 없어.

3 좋고 싫음 표현하기 「喜欢/不喜欢」

喜欢은 뒤에 동사구 혹은 명사가 와서 '~하기를 좋아하다', 혹은 '~을 좋아하다' 라는 뜻을 만듭니다. 喜欢은 정도부사가 수식할 수 있습니다.

xǐhuan
喜欢　좋아하다

bù xǐhuan
不喜欢　좋아하지 않다

hěn xǐhuan
很喜欢　매우 좋아하다

bútài xǐhuan
不太喜欢　별로 안 좋아하다

166

zuì xǐhuan
最喜欢 제일 좋아하다   　　zuì bù xǐhuan
最不喜欢 제일 좋아하지 않다

4 味道~ 여러가지 맛

달고, 짜고, 쓰고, 맵고, 시고… 이런 맛들을 중국어로는 五味라고 합니다. 맛을 나타내는 표현을 배워봅시다.

suān	tián	kǔ	là	xián
酸	甜	苦	辣	咸
시다	달다	쓰다	맵다	짜다

맛에 관한 형용사와 그 외의 맛

好吃	hǎochī	(요리)맛있다	不好吃, 难吃	bù hǎochī, nánchī	맛없다
好喝	hǎohē	(음료)맛있다	不好喝	bù hǎohē	맛없다
油腻	yóunì	느끼하다	清淡	qīngdàn	담백하다
香	xiāng	고소하다, 향기롭다	凉爽	liángshuǎng	시원하다

문형 연습

* 그림을 보고 佳佳가 좋아하는 것과 싫어하는 것을 상자에서 골라 써 보세요.

🟢 좋아하는 것과 싫어하는 것 말하기

① 佳佳喜欢吃什么?

　　佳佳喜欢_____, _____, _____, _____。

　　(佳佳는 중국요리 먹는것과 TV보는 것, 커피마시는 것을 좋아합니다.)

　　她喜欢_____。

　　(그녀는 팬더를 좋아합니다.)

② 佳佳不喜欢什么?

　　佳佳不喜欢_____, _____, _____, _____。

　　(佳佳는 노래부르는 것과, 잡지 보는 것과 홍차 마시는 것을 싫어합니다.)

　　她不喜欢_____。

　　(그녀는 뱀을 싫어합니다.)

吃中国菜　chī Zhōngguócài　중국요리 먹다	唱歌　chàng gē　노래부르다
喝咖啡　hē kāfēi　커피 마시다	看电影　kàn diànyǐng　영화보다
喝红茶　hē hóngchá　홍차 마시다	看杂志　kàn zázhì　잡지 보다
熊猫　xióngmāo　팬더	蛇　shé　뱀

듣고 쓰는 연습 문제

1 나는 어디에 가고 싶고, 무엇을 좋아할까요? 녹음을 잘 듣고, 서로 연결시켜 보세요.

乐乐 •   • 上海   • 韩国电视剧

佳佳 •   • 韩国   • 日本菜

娜英 •   • 东京   • 上海菜

2 다음 대화문을 잘 듣고 빈칸을 채워 넣어 보세요.

A: 你去哪儿?
B: 我___商店___东西。
A: 我也___去。我___买笔。
B: 是吗? 那___一起走吧。

 쉬어가기 코너

甜蜜蜜
첨밀밀

— 邓丽君

甜蜜蜜 你 笑得甜蜜蜜
달콤해요. 당신의 미소는 달콤해요.

好像 花儿 开在春风里
마치 봄바람속에서 꽃이 피는것 같아요.

开在春风里
봄바람 속에 피는 것 같아요.

在哪里 在哪里 见过你
어디에서 어디에서 당신을 보았더라.

你的笑容 这样熟悉
당신의 미소가 이렇게도 익숙한데

我 一时 想不起
잠시 생각이 나지 않았지만

啊 在梦里
아, 꿈 속이었군요.

梦里 梦里 见过你
꿈 속에서 당신을 보았어요.

甜蜜 笑得多甜密
달콤해요, 너무나 달콤하게 웃네요.

是你 是你 梦见的就是你
당신이에요. 꿈속에서 본 것은 바로 당신이에요.

● 학습목표
1. 선택 의문문 말하기
2. 一点儿과 有点儿 구분하기
3. 「형용사 + 的」

16 热的还是冰的?
Rè de háishi bīng de?

실제 상황 속으로
중국인처럼 말해보아요~

娜英과 佳佳가 커피숍에 왔습니다. 무엇을 마실지 고르고 있네요.

店员 您 想 喝 点儿 什么?
Nín xiǎng hē diǎnr shénme?
뭐 드시겠어요?

佳佳 我 想 喝 拿铁 咖啡。
Wǒ xiǎng hē nátiě kāfēi.
저는 카페라테 주세요.

店员 热 的 还是 冰 的?
Rè de háishi bīng de?
뜨거운 거요 차가운 거요?

佳佳 冰 的。现在 有点儿 渴。
Bīng de. xiànzài yǒudiǎnr kě.
찬 걸로 주세요. 지금 좀 목이 말라서.

娜英,你 喝 什么?
Nàyīng, nǐ hē shénme?
나영아, 넌 뭐 마셔?

娜英 我 也 喝 一样 的。谢谢!
Wǒ yě hē yíyàng de. xièxie!
나도 같은 걸로 마실래. 고마워.

生词 New words

一点儿 yìdiǎnr 좀, 약간   拿铁咖啡 nátiě kāfēi 카페라테   热 rè 뜨겁다   冰 bīng 차갑다
渴 kě 목마르다

꼼꼼 강의 노트

① 您想喝点儿什么? (Nín xiǎng hē diǎnr shénme?) — 뭐 드시겠어요?

喝点儿은 원래 喝一点儿 인데, 사이에 一가 생략되었습니다. 一点儿은 원래 '약간의 양'을 뜻하는 말인데, 「동사 + 一点儿」로 쓰이면 '좀 ~하다' 라는 뜻으로 말의 어감을 부드럽게 해 준답니다.

您想买点儿什么? (Nín xiǎng mǎi diǎnr shénme?) — 뭘 좀 사시겠습니까?

您想吃点儿什么? (Nín xiǎng chī diǎnr shénme?) — 뭘 좀 드시겠습니까?

② 我想喝拿铁咖啡。 (Wǒ xiǎng hē nátiě kāfēi.) — 저는 카페라테 주세요.

무엇을 마시거나 먹고자 할 때는 '하고싶다' 의 想을 써서 표현하는 것이 좋습니다. 要는 '꼭 ~해야 한다' 라는 뉘앙스를 풍기기 때문에 강한 어감을 준답니다. 중국 친구를 만나 식당에 갈 때는 꼭 想을 써서 말하세요.

"你想喝点儿什么?" (Nǐ xiǎng hē diǎnr shénme?) 너 뭐 좀 마실래?

"我想喝汽水。" (Wǒ xiǎng hē qìshuǐ.) 나 사이다 마시고 싶어.

③ 热的还是冰的? (Rè de háishi bīng de?) — 뜨거운 거요 차가운 거요?

「A 还是 B?」는 선택 의문문의 형식입니다. 'A 아니면 B?' 라는 뜻이지요. 还是 자체가 선택형 의문문에 쓰이는 접속사이기 때문에 뒤에 吗가 필요 없습니다.

Hóngchá háishi lǜchá?
红茶 还是 绿茶?   홍차요, 녹차요?

Nǐ lái háishi wǒ qù?
你来还是我去?   네가 올래, 아니면 내가 갈까?

④ Bīng de, xiànzài yǒudiǎnr kě. Nàyīng, nǐ hē shénme?
冰的, 现在有点儿渴。娜英,你喝什么?

찬 걸로 주세요. 지금 좀 목이 말라서. 나영아, 넌 뭐 마셔?

「冰的」는 형용사 冰에 조사 的가 결합되어 명사가 된 형태로, '차가운 것'이란 뜻입니다. 이처럼 중국어에서는 형용사/동사 뒤에 的가 붙으면 명사화 됩니다.

hóng de   lán de
红的 빨간 것   蓝的 파란 것

mǎi de   chī de
买的 산 것   吃的 먹는 것

⑤ Wǒ yě hē yíyàng de, xièxie.
我也喝一样的, 谢谢。

나도 같은 걸로 마실래. 고마워.

「一样」는 '같다'라는 형용사입니다. 뒤에 的가 붙으면 '같은 것'이라는 명사가 되지요.

Wǒ yě mǎi yíyàng de.
我也买一样的。   저도 같은 거 살래요.

Wǒ yě chī yíyàng de.
我也吃一样的。   저도 같은 거 먹을래요.

고쌤의 어법 노트

1 동사/형용사 + (一)点儿

一点儿은 '약간, 조금' 이란 뜻의 수량사입니다. 명사를 수식해줄 수도 있고, 동사나 형용사 뒤에서 '좀 더 ~하다' 라는 뜻을 나타낼 수도 있습니다. 문장 맨 앞에 나오지 않을 경우 一를 생략해 줄 수 있습니다.

一点儿 + 명사 　　Yìdiǎnr xīwàng
　　　　　　　　一点儿 希望　　　약간의 희망

동사 + (一)点儿　Qǐng duō chī diǎnr.
　　　　　　　　请 多 吃 点儿。　　좀 더 드세요.

형용사 + (一)点儿　Zhèbiān lěng yìdiǎnr.
　　　　　　　　这边 冷 一点儿。　여기가 좀 더 춥다.

Tip & tips

一点儿과 有点儿의 차이　　有点儿은 정도부사로서 형용사 앞에서 '약간 어떠하다' 라는 뜻을 더해 줍니다. 문장이 약간 부정적인 어감을 띕니다.

有点儿冷。　Yǒudiǎnr lěng.　약간 춥네요.　　有点儿热。　Yǒudiǎnr rè.　약간 덥네요.
有点儿辣。　Yǒudiǎnr là.　약간 맵네요.　　有点儿忙。　Yǒudiǎnr máng.　약간 바빠요.

一点儿은 수량사로서 명사를 수식하여 약간의 양을 나타내거나, 동사 뒤에서 가볍고 부드러운 어감을 더해주거나 혹은 형용사 뒤에 쓰여서 '약간 ~하다' 라는 객관적 판단을 나타냅니다.

这儿 有 一点儿 吃的。　　Zhèr yǒu yìdiǎnr chī de.　　여기 먹을 것이 좀 있다.
你 想 吃 点儿 什么?　　Nǐ xiǎng chī diǎnr shénme?　　뭘 좀 드시겠어요? (어기를 가볍게)
今天 比昨天 冷一点儿。　Jīntiān bǐ zuótiān lěng yìdiǎnr.　오늘은 어제보다 좀 춥다.
里面 热一点儿。　　　　Lǐmiàn rè yìdiǎnr.　　안이 조금 더 덥다.

2 선택의문문 「A 还是 B?」

还是는 몇 가지 선택사항 중에 무엇을 고를지 물을 때 쓰는 접속사입니다.

① Nǐ xiǎng chī miànbāo háishi chī fàn?
你 想 吃 面包 还是 吃 饭?
빵 먹을래 밥 먹을래?

Wǒ chī miànbāo.
我 吃 面包。
나는 빵 먹을래.

② Nǐ xǐhuan chī píngguǒ háishi júzǐ?
你 喜欢 吃 苹果 还是 橘子?
너는 사과를 좋아하니 아니면 귤을 좋아하니?

Wǒ xǐhuan chī píngguǒ.
我 喜欢 吃 苹果。
나는 사과를 좋아해.

③ Nǐ xǐhuan chūntiān háishi dōngtiān?
你 喜欢 春天 还是 冬天?
너는 봄이 좋니 아니면 겨울이 좋니?

Wǒ xǐhuan chūntiān.
我 喜欢 春天。
나는 봄이 좋아.

3 형용사/동사 + 的

형용사나 동사 뒤에 的가 붙으면 명사화 됩니다. 우리말의 형용사나 동사에 '~ㄴ/한 것'이 붙어 명사화 되는 것과 마찬가지입니다. 예를 들어, 「예쁘다 → 예쁜 것」, 「크다 → 큰 것」, 「사다 → 산 것」 등이지요.

yíyàng de 一样的	같은 것	bù yíyàng de 不 一样的	다른 것
dà de 大的	큰 것	xiǎo de 小的	작은 것
mǎi de 买的	산 것	chī de 吃的	먹을 것
hē de 喝的	마실 것	chuān de 穿的	입을 것

문형 연습

* 질문을 읽고 자신이 좋아하는 것 혹은 원하는 것을 골라 답해 보세요.

1 선택의문문 연습

① 你喜欢夏天还是冬天?　　_____

② 你想吃中国菜还是日本菜?　_____

③ 你喜欢喝咖啡还是喝绿茶?　_____

④ 你喜欢喝热的还是冰的?　　_____

⑤ 你想去北京还是上海?　　　_____

* 다음 문장의 빈칸에 有点儿 혹은 (一)点儿 중에 맞는 것을 골라 넣으세요.

2 有点儿과 一点儿의 용법 구분하기

① 我想买____东西。　　　나는 물건을 좀 사고 싶다.

② 他____不高兴。　　　　그는 좀 기분이 좋지 않다.

③ 你想喝____什么?　　　너 뭘 좀 마실래?

④ 这苹果_____贵。　　이 사과는 좀 비싸다.

⑤ 这边比外边冷____。　　여기는 바깥보다 좀 춥다.

生词　New words

夏天　xiàtiān　여름　　冬天　dōngtiān　겨울　　咖啡　kāfēi　커피　　绿茶　lǜchá　녹차
高兴　gāoxìng　기쁘다

듣고 쓰는 연습 문제

 녹음 내용을 잘 듣고 乐乐와 佳佳가 좋아하는 것을 보기 상자에서 골라 써 넣어 보세요.

xiàtiān	dōngtiān	qīyuè	shí'èryuè
夏天	冬天	七月	十二月
xīngqītiān	xīngqīwǔ	lánsè	lǜsè
星期天	星期五	蓝色	绿色

生词 New words

夏天 xiàtiān 여름　　冬天 dōngtiān 겨울

● 학습목표
1. 진행형 만들기
2. 전치사 在의 용법
3. 날씨 표현 익히기

17 你在干什么?
Nǐ zài gàn shénme?

실제 상황 속으로
중국인처럼 말해보아요~

오늘은 날씨가 무척 좋습니다. 乐乐가 함께 놀러가자고 娜英에게 전화를 하고 있네요.

乐乐 喂, 是 娜英 吗? 你 在 干 什么 呢?
Wéi, shì Nàyīng ma? Nǐ zài gàn shénme ne?
여보세요, 나영이니? 뭐 하고 있어?

娜英 我 在 家 学习 呢。
Wǒ zài jiā xuéxí ne.
집에서 공부하고 있어.

乐乐 今天 天气 很 好。我们 去 玩 吧。
Jīntiān tiānqì hěn hǎo. Wǒmen qù wán ba.
오늘 날씨 참 좋아. 우리 놀러 가자.

娜英 好啊! 几 点 在 哪儿 见 面!
Hǎo a! Jǐ diǎn zài nǎr jiàn miàn!
좋아! 몇 시에 어디에서 만날까?

乐乐 三十 分钟 以后 在 宿舍 门口 见 吧。
Sānshí fēnzhōng yǐhòu zài sùshè ménkǒu jiàn ba.
30분 후에 기숙사 문 앞에서 보자.

娜英 行, 一会儿 见!
Xíng, yíhuìr jiàn!
그래, 좀 이따 봐!

生词 New words

干 gàn 하다　　呢 ne 지속의 느낌을 주는 어기조사　　天气 tiānqì 날씨
见面 jiànmiàn 만나다　　分钟 fēnzhōng ~분간　　以后 yǐhòu 이후　　门口 ménkǒu 문앞
行 xíng 좋다, 되다　　一会儿 yíhuìr 잠시, 잠깐 동안

꼼꼼 강의 노트

①   Wéi shì Nàyīng ma?   Nǐ zài gàn shénme ne?
　　喂，是娜英吗？你在干什么呢？
여보세요, 나영이니? 뭐 하고 있어?

'你在干什么呢?' 이 문장에서 진행형을 만드는 역할을 하는 것은 「在」입니다. 또, 문장 끝에 붙은 어기조사 呢 역시 동작의 지속을 나타내 줍니다.

　　Wǒ zài kàn diànshì ne.
　　我 在 看 电视 呢。   나는 텔레비전을 보고 있어.
　　Tā zài shuì jiào ne.
　　她 在 睡 觉 呢。   그녀는 잠을 자고 있어.

②   Wǒ zài jiā xuéxí ne.
　　我在家学习呢。   집에서 공부하고 있어.

이번에는 在가 전치사로서 '~에서'의 뜻으로 쓰였습니다. 전치사는 주어와 술어 사이에 필요한 성분을 끌어오는 역할을 합니다.

　　(한)　나는 집에서 공부한다.
　　(중)　我 在家 学习。
　　(영)　I study at home.

- 전치사가 들어간 문장은 영어보다는 한국어 어순과 비슷합니다.. 중국어 문장의 「주어+동사+목적어」어순만 보고 영어 어순이랑 똑같다고 생각하시는 분들이 많지만, 사실은 오히려 한국어 어순과 비슷할 때도 많답니다.

③   Jīntiān tiānqì hěn hǎo. Wǒmen qù wán ba.
　　今天天气很好。我们去玩吧。
오늘 날씨 참 좋아. 우리 놀러 가자.

날씨에 관한 표현들은 「어법노트」를 참고하세요. '我们去玩儿吧.'는 연동문 구조에요. 그리고 문미에 붙은 「吧」는 권유나 제안 등의 의미를 더해 주는 어기조사 랍니다.

④ *Hǎo a! Jǐ diǎn zài nǎr jiàn miàn?*
好啊! 几点在哪儿见面? 좋아! 몇 시에 어디에서 만날까?

'几点在哪儿见面?'에서 「在」는 '~에서' 라는 뜻의 전치사입니다. 在가 전치사인지, 진행형을 만드는 부사인지, 동사인지 구별하는 방법은 매우 간단합니다.

- 在 + 장소 ➡ 동사 '~에 있다'
- 在 + 장소 + 동사 ➡ 전치사 '~에서'
- 在 + 동사 ➡ 부사 '~하는 중이다'

⑤ *Sānshí fēnzhōng yǐhòu zài sùshè ménkǒu jiàn ba.*
三十分钟以后在宿舍门口见吧。
30분 후에 기숙사 문 앞에서 보자.

三十分은 30분(시각)이지만, 三十分钟은 30분간(시량)입니다.

⑥ *Xíng, yíhuìr jiàn!*
行, 一会儿见! 그래, 좀 이따 봐!

중국인들은 '좋아' 하고 대답할 때 好 또는 行이라는 두 가지 동사를 즐겨 씁니다. 行은 '좋다, 괜찮다', 不行은 '안 된다' 는 뜻이랍니다. 一会儿은 '잠시 동안' 을 뜻합니다.

 고쌤의 어법 노트

1 진행형을 만들어주는 在

在가 동사구 앞에 붙으면 '~을 하고 있다' 라는 뜻이 되어서 진행형을 만들어줍니다. 진행형을 만드는 여러 가지 형태를 알아봅시다.

'나 공부하는 중이야.'

동사 + 목적어 + 呢   我 学习 呢。 Wǒ xuéxí ne.

在 + 목적어 + 동사   我 在 学习。 Wǒ zài xuéxí.

在 + 동사 + 목적어 + 呢   我 在 学习 呢。 Wǒ zài xuéxí ne.

正在 + 동사 + 목적어 + 呢   我 正在 学习 呢。 Wǒ zhèng zài xuéxí ne.

- 呢는 동작의 지속을 나타내는 어기조사
- 正은 '한창, 마침'의 느낌을 더해주는 부사

2 전치사 在

在는 전치사의 역할도 합니다. '在 + 장소사 + 동사(+ 목적어)'의 구조로 '어디에서 무엇을 하다'의 뜻을 나타냅니다.

在 家 学习。 Zài jiā xuéxí.   집에서 공부해.

在 电影院 看 电影。 Zài diànyǐngyuàn kàn diànyǐng.   영화관에서 영화 봐.

在 健身房 运动。 Zài jiànshēnfáng yùndòng.   헬스클럽에서 운동해.

在 教室 上课。 Zài jiàoshì shàng kè.   교실에서 수업해.

> **POINT >>** 在의 세 가지 용법
>
> 在 + 장소　　　　　我 在家。　　　　　나는 집에 있어.
> 在 + 장소 + 동사　　我 在家 休息。　　 나는 집에서 쉬어.
> 在 + 동사(구) + (呢)　我 在 休息 呢。　　나는 쉬는 중이야.
> 　　　　　　　　　　我 在家 休息 呢。　 나는 집에서 쉬는 중이야.

3 天气怎么样? Tiānqì zěnme yàng? 날씨가 어때요?

날씨를 묻는 말, 天气怎么样?입니다. 怎么样?은 '어떻습니까?' 라는 의문사 입니다.

Jīntiān　tiānqi　zěnmeyàng?
今天 天气 怎么样?　　오늘 날씨가 어때요?

Jīntiān　tiānqi　hěn hǎo.
今天 天气 很好。　　　오늘 날씨가 무척 좋아요.

Míngtiān　tiānqi　bù hǎo.
明天 天气 不 好。　　　내일 날씨는 안 좋아요.

〈날씨〉

Xià yǔ.
下雨。
비가 와요.

Xià xuě.
下雪。
눈이 와요.

Fēng hěn dà.
风很大。
바람이 세요.

Hěn lěng.
很冷。
추워요.

Hěn rè.
很热。
더워요.

> 참고
> 阴天。Yīntiān. 날이 흐려요.　　　　晴天。Qíngtiān. 맑은 날이에요.
> 不冷也不热。Bù lěng yě bú rè. 춥지도 덥지도 않아요.

〈계절〉

봄	여름	가을	겨울
春天	夏天	秋天	冬天
chūntiān	xiàtiān	qiūtiān	dōngtiān

Tip & tips

이합사 见面

见面은 대표적인 이합사입니다. 见은 '보다'라는 동사, 面은 '얼굴'로 목적어지요. 이 둘은 떨어져서(离) 쓰이기도 하고, 결합해서(合) 쓰이기도 하기 때문에 '이합사(离合词)'라는 이름을 붙였습니다. 그런데 见面 자체를 하나의 동사로 착각하는 경우가 종종 있기 때문에 용법에 주의해야 합니다.

和你 见面。(○)　　hé nǐ jiàn miàn.　　너와 만나다
见 你的面。(○)　　jiàn nǐ de miàn.　　너의 얼굴을 보다
见面你。(×)　　　 jiàn miàn nǐ.　　　너를 얼굴을 보다 (×)

여러가지 이합사 》 睡觉 shuì jiào 잠을 자다　　游泳 yóu yǒng 수영을 하다　　洗澡 xǐ zǎo 목욕을 하다

문형 연습

* 다음 보기와 같이 아래 문장을 진행형으로 만들어 보세요.

1 진행형을 만드는 在

> 我吃饭。 ➡ 我在吃饭。 / 我在吃饭呢。 / 我正在吃饭呢。

① 我看书。 ➡ _____
② 你做什么？ ➡ _____
③ 我工作。 ➡ _____
④ 姐姐做菜。 ➡ _____

* 괄호 안의 단어를 이용하여 중작해 보세요.

2 전치사 在

① 나는 교실에서 공부를 합니다. (教室 jiàoshì, 学习 xuéxí)
   ➡ _____

② 그녀는 올해 중국에서 일을 합니다. (中国 Zhōngguó, 工作 gōngzuò)
   ➡ _____

③ 여동생은 밖에서 운동합니다. (外边 wàibian, 运动 yùndòng)
   ➡ _____

④ 남동생은 방에서 인터넷을 하고 있습니다. (房间 fángjiān, 上网 shàng wǎng)
   ➡ _____

⑤ 장 선생님은 서점에서 책을 삽니다. (书店 shūdiàn, 买书 mǎi shū)
   ➡ _____

生词 New words

房间 fángjiān 방

듣고 쓰는 연습 문제

1 아래 그림을 보면서, 녹음 내용이 그림과 맞지 않는 것을 골라 보세요.

①

②

③

④

● 학습목표
1. 동태조사1 – 완료태 만들기
2. 상대방의 의향 묻기

18   Nǐ chī fàn le ma?
你吃饭了吗?

실제 상황 속으로
중국인처럼 말해보아요~

학교 식당이 이미 문을 닫았어요. 佳佳와 娜英이 점심을 어떻게 해결할까요?

佳佳   Nǐ chī wǔfàn le ma?
你 吃 午饭 了 吗?
너 점심 먹었니?

娜英   Hái méi chī ne. Nǐ chī le ma?
还 没 吃 呢。你 吃 了 吗?
아직 안 먹었어, 넌 먹었어?

佳佳   Wǒ yě méi chī. Wǒmen yìqǐ chī ba!
我 也 没 吃。我们 一起 吃 吧!
나도 안 먹었어. 우리 같이 먹자.

娜英   Xuéxiào shítáng yǐjīng guān mén le.
学校 食堂 已经 关 门 了。
학교 식당 이미 문 닫았어.

Wǒmen zài sùshè li chī fāngbiànmiàn, zěnme yàng?
我们 在 宿舍 里 吃 方便面,怎么 样?
우리 그냥 기숙사에서 라면 먹자, 어때?

佳佳   Nà yě xíng. Wǒ qù mǎi fāngbiànmiàn ba.
那 也 行。我 去 买 方便面 吧。
그것도 괜찮지. 내가 라면 사 올게.

生词 New words

了 le 완료시제를 나타내는 어기조사   还 hái 아직   食堂 shítáng 식당   已经 yǐjīng 이미
方便面 fāngbiànmiàn 라면

꼼꼼 강의 노트

① Nǐ chī wǔfàn le ma?
你吃午饭了吗?　　너 점심 먹었니?

동사 뒤에 동태조사 了를 붙이면 동작의 완료를 나타낼 수 있습니다.

Chī le.
吃了。　먹었다.

Kàn le.
看了。　보았다.

Chī fàn le.
吃饭了。　밥을 먹었다.

Kàn diànshì le.
看电视了。　TV를 보았다.

② Hái méi chī ne.　Nǐ chī le ma?
还没吃呢。你吃了吗?　　아직 안 먹었어, 넌 먹었어?

완료의 반대는 '아직 하지 않은 상태' 입니다. 무엇을 하지 않았다고 할 때 동사 앞에 没를 붙입니다. 没앞에는 '아직' 이라는 부사 还, 문장 끝에는 어떤 상태의 지속을 나타내는 어기조사 呢가 자주 함께 옵니다.

Méi chī.
没吃。　안 먹었다

Hái méi chī ne.
还没吃呢。　아직 안 먹었다

③ Wǒ yě méi chī. Wǒmen yìqǐ chī ba!
我也没吃。我们一起吃吧!　　나도 안 먹었어. 우리 같이 먹자.

함께 무엇을 하자고 할 때, 「一起 + 동사 + 吧」문형을 많이 씁니다.

Yìqǐ kàn ba.
一起看吧。　같이 보자.

Yìqǐ qù ba.
一起去吧。　같이 가자.

④ 学校食堂已经关门了。
Xuéxiào shítáng yǐjīng guān mén le.

학교 식당 이미 문 닫았어.

'이미 ~을 했다' → 「已经 + 동사 + 了」.「已经」은 '이미' 라는 뜻의 부사입니다.

已经 开始 了。 이미 시작했어.
Yǐjīng kāishǐ le.

已经 下班 了。 이미 퇴근했어.
Yǐjīng xià bān le.

⑤ 我们在宿舍里吃方便面, 怎么样?
Wǒmen zài sùshè li chī fāngbiànmiàn zěnme yàng?

우리 그냥 기숙사에서 라면 먹자, 어때?

宿舍 뒤에 붙은 「里」는 방위사죠. 앞에서 배웠던 방위사 중 里边(안쪽)과 上边(윗쪽)은 종종 边 없이 쓰인답니다. '宿舍里'(기숙사 안), '桌子上'(책상 위)처럼 말이에요. 문장 끝에 붙은 「怎么样?」은 '어때?' 하고 상대방의 의향을 묻는 말이랍니다.

⑥ 那也行。我去买方便面吧。
Nà yě xíng. Wǒ qù mǎi fāngbiànmiàn ba.

그것도 괜찮지. 내가 라면 사 올게.

'그것도 괜찮지!' → 「那也行!」많이 쓰는 표현이니 외워두세요.
我去买方便面吧。'내가 라면 사러 갈게.'는 우리말로는 '내가 라면 사러 갔다 올게'로 해석하는 것도 괜찮습니다.

고쌤의 어법 노트

1 동태조사 了 - 완료태

우리말에서 동사는 어미 변화를 통해 시제나 동작의 진행상태 등을 나타낼 수 있습니다. 그러나 중국어는 원천적으로 어미 변화라는 것이 불가능합니다. 그래서 무언가 동사 뒤에 붙어 도와주는 말(助词)이 필요합니다. 동작의 상태를 나타내 주는 이러한 성분을 '동태조사(动态助词)' 라고 합니다.

* 세 종류의 동태조사

了	le	완료태	~했다, ~했다면, ~한 후에
着	zhe	지속태	~하는 중이다, ~한 상태이다
过	guo	경험태	~해 본 적이 있다

❶ 완료태 만들기

- 동사 + 了
- 동사 + 了 + 수식어가 있는 목적어
- 동사 + 수식어가 없는 목적어 + 了

동작의 완료를 나타내는 방법은 동사 뒤에 了를 붙이는 것입니다. 了라는 글자 자체가 무언가를 '다 하다, 완성하다' 라는 뜻이 있습니다.

Chī le.
吃了。 밥 먹었다

Kàn le.
看了。 보았다

동사 뒤에 목적어가 나오는 경우에는 완료태를 만드는 방법이 두 종류로 나뉩니다. 목적어 앞에 수식어가 있으면 동사 뒤에 바로 了를 붙이지만, 목적어가 수식어 없이 간단한 경우에는 了를 문장 끝에 붙여 줍니다.

〈목적어 앞에 수식어가 있을 때〉

Chī le hǎo chī de cài.
吃了 好吃的菜。   맛있는 요리를 먹었다.

Kàn le Zhōngguó diànyǐng.
看了 中国电影。   중국 영화를 보았다.

〈목적어 앞에 수식어가 없을 때〉

Chī fàn le.
吃 饭 了。   밥을 먹었다.

Kàn diànyǐng le.
看 电影 了。   영화를 보았다.

❷ 了의 부정형

- 没 + 동사
- 还没 + 동사 + 呢

了는 동작의 완료를 나타내기 때문에, 부정형은 동작이 아직 일어나지 않은 상태를 말합니다. 이 때는 不가 아니라 没를 써서 부정해 줍니다.

Méi chī.
没吃。   먹지 않았다.

Méi chī fàn.
没吃 饭。   밥을 먹지 않았다.

Méi kàn.
没看。   보지 않았다.

Méi kàn diànyǐng.
没看 电影。   영화를 보지 않았다.

❸ 了의 의문형

- 동사 + (수식어 없는 목적어) + 了 + 吗?
- 동사 + 了 + (수식어 있는 목적어) + 吗?
- 동사 + 了 + 没有? (정반 의문문)

의문형은 문장 끝에 吗 또는 정반의문문으로 了没有를 붙여 줍니다.

191

Chī le ma?
吃了吗?　　　먹었니?

Chī le méiyǒu?
吃了没有?　　먹었니 안 먹었니?

Chī fàn le ma?
吃饭了吗?　　밥 먹었니?

Chī fàn le méiyǒu?
吃饭了没有?　밥 먹었니 안 먹었니?

Chī le shénme cài
★ 吃了什么菜?　무슨 요리 먹었니? (의문사 사용)

2 상대방의 의향이나 상황 묻기 「怎么样? Zěnmeyàng」

怎么样은 '어떻다, 어떠하다' 라는 뜻으로 문장 끝에 붙어 상대방의 의향이나 상황 등을 물을 수 있습니다.

Nǐ shēntǐ zěnmeyàng?
你身体怎么样?　　너 몸 어떠니?

Qíngkuàng zěnmeyàng?
情况怎么样?　　　상황이 어떻습니까?

> **참고**
>
> 不怎么样이라는 말은 '어떠하지 않다', 곧 '별로다' 라는 뜻을 가지고 있습니다.
>
> Zhè diànyǐng zěnmeyàng?
> A: 这电影怎么样?　이 영화 어떠니?
>
> Nèiróng bùzěnmeyàng zhǐshì nǚzhǔjué hěn hǎokàn.
> B: 内容不怎么样, 只是女主角很好看。
> 내용은 별로야, 그냥 여주인공만 볼 만해.

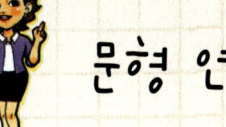

* 다음 완료태 문장을 보기와 같이 바꿔 보세요.

1 완료태 만들기

① 我吃饭了。(긍정문) ➡ 我没吃饭。(부정문)

Wǒ kàn diànyǐng le.
我看电影了。 ➡ _____

Tā qù xuéxiào le.
他去学校了。 ➡ _____

Bàba shàng bān le.
爸爸上班了。 ➡ _____

② 你吃了吗？(吗의문문) ➡ 你吃了没有？(정반 의문문)

Nǐ kàn le ma?
你看了吗？ ➡ _____

Nǐ xiě bàogào le ma?
你写报告了吗？ ➡ _____

Nǐ àiren xià bān le ma?
你爱人下班了吗？ ➡ _____

* 괄호 안의 단어를 이용해 중작해 보세요.

2 상대방의 의향이나 상황에 관해 묻기

① 우리 영화 보는 거 어때? (看 kàn, 电影 diànyǐng)
➡ _____

② 우리 중국 요리 먹는 게 어떨까? (咱们 zánmen, 中国菜 Zhōngguócài)
➡ _____

③ 너 몸 좀 어떠니? (身体 shēntǐ)
➡ _____

193

듣고 쓰는 연습 문제

1 오늘 하루 나영이가 한 일들입니다. 아래의 다이어리를 보면서, 녹음 내용과 다른 것을 고르세요.

①   ②   ③   ④

早上 7:00　跑步

早上 7:40　吃早饭

上午 9:00　上课

下午 2:00　下课

逛街 7:00　和佳佳逛街

生词 New words

跑步 pǎobù 조깅하다　　逛街 guàngjiē 쇼핑하다

● 학습목표　1. 동태조사 着 – 지속태 만들기
　　　　　　2. 능원동사 可以

19

Qiángshang guà zhe quánjiāfú.
墙上挂着全家福。

실제 상황 속으로

> 중국인처럼 말해보아요~

나영이가 佳佳의 집에 놀러왔어요. 佳佳의 방 구경을 하다가 운남성 여행을 하며 찍은 가족 사진을 보면서 이야기를 나누네요.

娜英　Wǒ kěyǐ kàn nǐ de fángjiān ma?
　　　　我 可以 看 你 的 房间 吗?
　　　　네 방 좀 봐도 되니?

佳佳　Dāngrán kěyǐ. Qiángshang guà zhe quánjiāfú.
　　　　当然 可以。墙上 挂 着 全家福。
　　　　당연히 되지. 벽에 우리 가족사진이 걸려 있어.

娜英　Wā! Zhè shì shénme shíhou zhào de?
　　　　哇! 这 是 什么 时候 照 的?
　　　　와! 이거 언제 찍은 거야?

佳佳　Qùnián qù Yúnnán de shíhou zhào de.
　　　　去年 去 云南 的 时候 照 的。
　　　　작년에 운남 갔을 때 찍은 거야.

娜英　Nǐ chuān zhe hěn tèbié de yīfu.
　　　　你 穿 着 很 特别 的 衣服。
　　　　넌 참 특별한 옷을 입고 있네.

佳佳　Shì de, nà jiàn shì Yúnnán shǎoshù mínzú de chuántǒng yīfu.
　　　　是的, 那 件 是 云南 少数民族 的 传统 衣服。

生词 New words

可以 kěyǐ 할 수 있다　　房间 fángjiān 방　　当然 dāngrán 당연하다　　墙 qiáng 벽
挂 guà 걸다　　着 zhe 지속을 나타내는 동태조사　　全家福 quánjiāfú 가족사진
旅游 lǚyóu 여행하다　　好玩 hǎowán 재미있다　　特别 tèbié 특별하다, 특히, 유난히
传统 chuántǒng 전통, 전통의　　衣服 yīfu 옷　　**고유명사 》** 云南 Yúnnán 운남

195

꼼꼼 강의 노트

① Wǒ kěyǐ kàn nǐ de fángjiān ma?
我可以看你的房间吗? 네 방 좀 봐도 되니?

능원동사 可以는 '~할 수 있다, ~해도 좋다' 라는 뜻으로 쓰입니다. 대답은 可以(가능)/不可以(불가능)로 하면 됩니다.

② Dāngrán kěyǐ. Qiángshang guà zhe quánjiāfú.
当然可以。墙上挂着全家福。
당연히 되지. 벽에 가족사진이 걸려 있어.

'当然'은 '당연하다' 라는 뜻으로 단독으로 쓰이거나, 위와 같이 '당연히 ~하다' 라는 뜻으로 쓰이기도 합니다. '墙上挂着..'에서 着는 어떤 상태나 동작의 지속을 나타내는 동태조사입니다.

Zhuōzi shàng fàng zhe yì běn shū.
桌子上放着一本书。 책상 위에 책 한 권이 놓여 있다.

Wàibian xià zhe yǔ.
外边下着雨。 밖에 비가 내리고 있다.

③ Wā! Zhè shì shénme shíhou zhào de?
哇! 这是什么时候照的? 와! 이거 언제 찍은 거야?

앞에서 배웠던 是~的 구문이 사용되었습니다. '이것은 언제 찍은 거야?' 라는 뜻으로 시간을 강조해서 묻는 표현입니다.

④ Qùnián qù Yúnnán de shíhou zhào de.
去年去云南的时候照的。 작년에 운남 갔을 때 찍은 거야.

3번 문장의 什么时候자리에 구체적인 시간을 알려주는 말이 놓여있죠? '去年去云南的时候'(작년 운남에 갔을 때)입니다. 이 문장과 같이 是~的 구문에서는 곧잘 是가 생략됩니다.

⑤ 你穿着很特别的衣服。
Nǐ chuān zhe hěn tèbié de yīfu.

넌 참 특별한 옷을 입고 있네.

穿着 는 '입고 있다' 라는 뜻으로 동사 穿 뒤에 상태의 지속을 나타내는 着 를 붙였습니다.

⑥ 是的, 那件是云南少数民族的传统衣服。
Shì de, nà jiàn shì Yúnnán shǎoshù mínzú de chuántǒng yīfu.

응, 그 옷은 운남 소수민족의 전통의상이야.

사진 속에서 佳佳는 운남 소수민족의 전통의상을 입고 있다고 하죠. 전통의상은 传统衣服입니다.

旗袍 qípáo 중국여인의 전통의상, 치파오

韩服 Hánfú 한국의 전통의상, 한복

고쌤의 어법 노트

1 능원동사 可以

可以는 '~할 수 있다' 또는 '~해도 좋다' 라는 뜻으로 사용됩니다.

❶ _{Zhèr} _{kěyǐ} _{chōu yān ma?}
　这儿 可以 抽 烟 吗?
　여기서 담배를 피워도 됩니까? (허가)

　_{Kěyǐ.}
— 可以。　　　　　　가능합니다.

　_{Bù kěyǐ.} / _{Bù xíng.}
— 不可以。/ 不行。　안 됩니다.

❷ _{Nǐ} _{kěyǐ} _{gēn} _{wǒ} _{yìqǐ} _{qù} _{ma?}
　你 可以 跟 我 一起 去 吗?
　너 나와 함께 갈 수 있니? (가능)

　_{Kěyǐ.}
— 可以。　　　　　　응.

　_{Bù xíng.}
— 不行。　　　　　　안 돼.

2 능원동사 能

「能」은 '할 수 있다'는 뜻으로 可以와 비슷하게 쓰입니다. 특별히 어떤 능력을 강조하여 말할 때는 주로 能을 사용합니다.

❶ _{Nǐ} _{jīntiān wǎnshang néng} _{bu néng lái?}
　你 今天 晚上 能 不 能 来?
　너 오늘 저녁에 올 수 있니? (가능)

　_{Wǒ néng lái.}　　　　　　　　_{Bùxíng.}
　我 能 来。나는 올 수 있어. / 不行。안 돼.

❷ _{Wǒ} _{yí} _{ge rén néng} _{hē} _{shí píng} _{píjiǔ.}
　我 一个人 能 喝 十 瓶 啤酒。
　나 혼자서 맥주 열 병을 마실 수 있어. (능력)

198

③ 他 真 能 吃。 그는 정말 잘 먹어. (능력)
   Tā zhēn néng chī.

> • 주의 : 可以는 단독으로 긍정이나 부정의 대답을 할 수 있지만, 能은 단독으로는 대답할 수 없습니다.
>
>   예 这儿 可以 / 能 抽 烟 吗? 여기서 담배 피워도 되나요?
>
>   可以。(○)   가능하다. 能。(×)
>   不可以。(○)   안 된다.   不能。(×)

这儿可以抽烟。
여기서 담배 피워도 됩니다.

这儿不可以抽烟。
여기서 담배 피우면 됩니다.

3 동태조사 着

동사 뒤에 着를 붙이면 두 가지 형태의 지속을 나타낼 수 있습니다. 동작의 지속 또는 어떤 고정된 상태의 지속입니다. 문장 끝에는 지속을 나타내는 어기조사 呢를 붙일 수 있습니다.

① 동작의 지속

弟弟 写 着 信。   남동생은 편지를 쓴다.
Dìdi xiě zhe xìn.

外边 下 着 雪。   밖에 눈이 내리고 있어.
Wàibian xià zhe xuě.

❷ 상태의 지속.

Chuānghu kāi zhe.
窗户 开 着。 창문이 열려 있다.

Qiáng shàng guà zhe quánjiāfú.
墙 上 挂 着 全家福。 벽에 가족 사진이 걸려 있다.

❸ 신체 동작 동사의 지속

Mèimei tǎng zhe ne.
妹妹 躺 着 呢。 여동생은 누워 있다.

Dìdi zuò zhe ne.
弟弟 坐 着 呢。 남동생은 앉아 있다.

 참고

아래 그림에서 여동생은 누워서 tv를 보고, 남동생은 앉아서 편지를 씁니다. 이것은 「신체동작동사 + 着 + 동사 + 목적어」로 표현하면 됩니다.

Mèimei tǎng zhe kàn diànshì.
妹妹 躺 着 看 电视。 여동생은 누워서 tv를 본다.

Dìdi zuò zhe xiě xìn.
弟弟 坐 着 写 信。 남동생은 앉아서 편지를 쓴다.

문형 연습

* 다음 질문에 괄호 안의 조건에 맞는 답을 써 보세요.

1 조동사 可以와 能 연습

① 我可以用你的手机吗? 내가 네 핸드폰 좀 써도 되니?
  ➡ (긍정) _____。

② 你明天能不能参加比赛? 너 내일 시합에 참가할 수 있니?
  ➡ (부정) _____。

③ 我可以看这本书吗? 내가 이 책을 봐도 됩니까?
  ➡ (긍정) _____。

* 아래 한국어 문장을 중국어로 바꿔 보세요.

2 지속의 동태조사 着 연습

① 나는 그녀를 보고 있다.
  ➡ _____

② 밖에 비가 오고 있다.
  ➡ _____

③ 그는 누워서 책을 보고 있다.
  ➡ _____

生词 New words

用 yòng 사용하다, 쓰다   这么 zhème 이렇게   参加 cānjiā 참가하다   比赛 bǐsài 시합

듣고 쓰는 연습 문제

 녹음을 듣고, 아래의 그림과 일치하지 않는 내용을 골라 보세요.

①   ②   ③   ④

● 학습목표
1. 동태조사 过 - 경험태 만들기
2. 동사 + 一下
3. 동사의 중첩

20 你喝过茉莉花茶吗?
Nǐ hē guo mòlìhuā chá ma?

실제 상황 속으로

중국인처럼 말해보아요~

佳佳와 나영이 차를 마시고 있습니다. 향긋한 자스민 차를 마시며 이야기를 나누네요.

佳佳 你 喝 过 茉莉花 茶 吗?
Nǐ hē guo mòlìhuā chá ma?
너 자스민 차 마셔본 적 있니?

娜英 我 没 喝 过。
Wǒ méi hē guo.
난 마셔본 적 없어.

佳佳 是 吗? 那 你 尝 一下 吧。
Shì ma? Nà nǐ cháng yíxià ba.
그래? 그럼 한번 마셔봐.

这 是 我 最 喜欢 的 茶。
Zhè shì wǒ zuì xǐhuan de chá.
이건 내가 제일 좋아하는 차야.

娜英 谢谢。嗯, 好香啊!
Xièxie. Ňg, hǎo xiāng a!
고마워. 음, 정말 향기롭다!

佳佳 好喝吧? 下次 再 试试 别的 茶。
Hǎohē ba? Xiàcì zài shìshi biéde chá.
맛있지? 다음엔 또 다른 차를 마셔봐.

生词 New words

过 guo ~해본 적이 있다　　茉莉花茶 mòlìhuā chá 자스민차　　香 xiāng 향기롭다
再 zài 다시　　试 shì 시도하다

203

꼼꼼 강의 노트

① 你喝过茉莉花茶吗? 너 자스민 차 마셔본 적 있니?
Nǐ hē guo mòlìhuā chá ma?

동사 뒤에 过가 붙으면 '~해 본 적이 있다'로 과거의 경험을 나타낼 수 있습니다.

看过。 본 적이 있다.
Kàn guo.

吃过。 먹어본 적이 있다.
Chī guo.

② 我没喝过。 난 마셔본 적 없어.
Wǒ méi hē guo.

무엇을 해 본 경험이 없으면 「没 + 동사 + 过」의 형태로 부정합니다.

没看过。 본 적이 없다.
Méi kàn guo.

没吃过。 먹어본 적이 없다.
Méi chī guo.

③ 是吗? 那你尝一下吧。 그래? 그럼 한번 마셔봐.
Shì ma? Nà nǐ cháng yíxià ba.

一下는 동사 뒤에 붙어서 '잠시 동안의 시간' 또는 '~을 한번 해 보다' 등의 의미를 나타냅니다.

我看一下。 내가 좀 볼께.
Wǒ kàn yíxià.

请等一下。 잠깐만 기다려 주세요.
Qǐng děng yíxià.

④ 这是我最喜欢的茶。 이건 내가 제일 좋아하는 차야.
Zhè shì wǒ zuì xǐhuan de chá.

最는 '가장'이라는 뜻의 정도부사입니다. 最喜欢은 '제일 좋아하다'라는 뜻이죠.

❺ 谢谢。嗯, 好香啊!   고마워. 음, 정말 향기롭다!

「好 + 형용사」로 감탄을 표현할 수 있습니다. 여기서 好는 '정말로, 대단히' 라는 뜻의 부사로 쓰였습니다.

好棒!   정말 멋져!
好漂亮!   너무 예쁘다!

❻ 好喝吧? 下次再试试别的茶。

맛있지? 다음엔 또 다른 차를 마셔봐.

문미에 吧가 붙으면 추측이나 권유의 의미를 나타낼 수 있습니다. 试는 '시도하다' 라는 동사인데, 중첩되어서 말의 어감을 부드럽게 해 줍니다. '다음 번엔 다른 차를 시도해봐' 라는 뜻이지요.

고쌤의 어법 노트

1. 경험을 나타내는 동태조사

과거에 「~한 적이 있다」는 경험을 나타낼 때 동사 뒤에 过를 붙입니다. 반대로 ~해 본 적이 없으면 没로 부정합니다.

❶ 의문문
Nǐ kàn guo jīngjù ma?
你看过京剧吗? 너는 경극을 본 적이 있니?

긍정문
Wǒ kàn guo.
我看过。 나는 본 적이 있다.

부정문
Wǒ méi kàn guo.
我没看过。 나는 본 적이 없어.

❷ 의문문
Nǐ chī guo Běijīng kǎoyā ma?
你吃过 北京烤鸭 吗?
너는 북경오리구이를 먹어본 적이 있니?

긍정문
Wǒ chī guo.
我吃过。 먹어본 적 있어.

부정문
Wǒ méi chī guo.
我没吃过。 난 먹어본 적 없어.

● **경험의 횟수 나타내기**

'몇 번 해 보았다' 라고 할 때 「동사 + 过」뒤에 횟수를 붙여주면 됩니다. 횟수를 나타낼 때는 수사 뒤에 양사 「次」를 붙여주면 됩니다.

Nǐ chī guo jǐ cì?
你吃过几次? 너 몇 번 먹어봤는데?

Wǒ chī guo yí cì.
我吃过一次。 나 한번 먹어 봤어.

목적어가 있을 경우에는 목적어를 맨 뒤에 붙입니다.

Wǒ chī guo yí cì Běijīng Kǎoyā.
我吃过一次北京烤鸭。
나는 북경오리구이를 한 번 먹어봤어.

2 동사 + 一下

一下는 '잠깐의 시간'을 나타냅니다. 동사 뒤에 一下를 붙이면 '한번 (좀) ~해 보다' 또는 '잠깐 ~하다' 라는 두 가지의 뜻을 나타낼 수 있습니다.

Nǐ cháng yíxià.
你 尝 一下。   맛 좀 봐.

Nǐ tīng yíxià.
你 听 一下。   좀 들어봐.

Qǐng děng yíxià.
请 等 一下。   잠시 기다려 주세요.

3 동사의 중첩형

동사를 두 번 쓰면 '좀 ~해 보다, 시험삼아 ~해 보다' 라는 뜻으로, 말의 어감을 부드럽고 가볍게 해 줍니다. 중첩된 두번째 동사는 경성으로 가볍게 발음합니다.

❶ 단음절 동사일 때 : 중첩 된 동사 사이에 一를 넣을 수 있습니다.

Wǒ kàn (yi) kàn.
我 看 (一) 看。   내가 좀 볼께.

Qǐng děng (yi) děng.
请 等 (一) 等。   좀 기다려 주세요.

❷ 이음절 동사일 때 : 중간에 一를 넣을 수 없습니다.

Wǒmen xiūxi xiūxi.
我们 休息休息。   우리 좀 쉽시다.

Wǒ zài kǎolǜ kǎolǜ.
我 再 考虑考虑。   제가 다시 좀 생각해 볼께요.

休息 xiūxi 휴식하다   考虑 kǎolǜ 고려하다

문형 연습

* 보기와 같이 문장을 경험태로 만들어 보세요.

경험의 동태조사 过 연습

> 我吃北京烤鸭。 ➡ 我吃过北京烤鸭。

① 我去上海。 (나는 상해에 가 본 적이 있다.)
➡ _____

② 他来韩国。 (그는 한국에 온 적이 있다.)
➡ _____

③ 我们学汉语。 (우리는 중국어를 배운 적이 있다.)
➡ _____

* 동사 + 一下 또는 동사의 중첩을 사용하여 왼쪽의 문장을 바꿔 보세요.
두 문장의 어감이 어떻게 다른지 느껴 보세요.

2 시도나 가벼운 느낌을 나타내기

① 你看这本书。 (너 이 책 한번 봐봐.)
➡ _____

② 我们休息。 (우리 좀 쉬자.)
➡ _____

③ 这个问题，我考虑。 (이 문제, 내가 고려해 볼게.)
➡ _____

듣고 쓰는 연습 문제

 아래는 우리 반 학생들입니다. 녹음된 내용을 잘 듣고, 학생들이 언제 어디에 가 본 적이 있는지 연결지어 보세요.

乐乐 •   • 前年 •   • 韩国

佳佳 •   • 去年 •   • 香港

娜英 •   • 上个月 •   • 美国

3부 듣고 쓰는 연습문제 답

▶ **11과**

1. 녹음원문
    ① A: 你好吗? 너 잘 지내니?
       B: 我很好, 你呢? 난 잘 지내. 너는?
       A: 我也很好。你忙不忙? 나도 잘 지내. 너 바쁘니 안 바쁘니?
       B: 我不太忙，你家人都好吗? 난 별로 안 바빠. 너희 가족 모두 잘 지내지?
       A: 他们都很好，谢谢。 그들 모두 잘 지내, 고마워.
    ② A: 她是谁? 그녀는 누구니?
       B: 她是我妹妹。 그녀는 내 여동생이야.
       A: 你妹妹真漂亮! 네 여동생 정말 예쁘다!
       B: 也很聪明。 그리고 무척 똑똑해.
       A: 哇! 太棒了! 와! 정말 대단한데!
    답 ① 很, 也, 很, 不太, 都, 都
       ② 真, 很, 太~了

2. 녹음원문
    ① A: 你忙不忙? 너 바쁘니 안 바쁘니?
       B: 我很忙。 나 바빠.
    ② A: 你累吗? 너 피곤하니?
       B: 我真累。 나 정말 피곤해.
    ③ A: 中国菜好吃吗? 중국음식 맛있니?
       B: 中国菜非常好吃。 중국음식 정말 맛있어.
    답 ① 我很忙。
       ② 我真累。
       ③ 中国菜非常好吃。

▶ **12과**

1. 녹음원문
    ① A: 您贵姓? 당신의 성이 무엇입니까?
       B: 我姓李。 내 성은 이 씨에요.
       A: 你是中国人吗? 당신은 중국인입니까?
       B: 不是, 我是韩国人。 아니오, 나는 한국인입니다.
       A: 啊, 是吗? 对不起。 아, 그래요? 미안합니다.
       B: 没关系。 괜찮습니다.

    ② A: 你是什么时候来的? 당신은 언제 왔나요?
       B: 我是去年来的。 나는 작년에 왔습니다.
       A: 我是今年一月来的。 나는 올해 1월에 왔습니다.
       B: 你的汉语真不错。 당신 중국어 정말 잘 하네요.
       A: 哪里哪里。 아네요, 아네요.
    답 ① 李, 不是, 韩国人
       ② 去年, 今年, 真

2. 녹음원문
    乐乐: 娜英, 你是什么系的学生? 나영, 너는 무슨 과의 학생이니?
    娜英: 我是中文系的学生。你呢? 나는 중문과의 학생이야. 너는?
    乐乐: 我是韩语系的学生, 我的朋友佳佳是中文系的学生。 나는 한국어과 학생이야. 내 친구 佳佳는 중문과 학생이야.
    娜英: 是吗? 她也是中国人吗? 그래? 그녀도 중국인이니?
    乐乐: 是的, 她是从重庆来的。 응, 그녀는 충칭에서 왔어.
    답 ① 娜英是中文系的学生。 나영은 중문과 학생입니다.
       ② 不是, 佳佳是中文系的学生。 아니요, 그녀는 중문과 학생입니다.
       ③ 佳佳是从重庆来的。 佳佳는 충칭에서 왔습니다.

▶ **13과**

1. 녹음원문
    ❶ 这是我孩子的照片。左边是我女儿, 右边是我儿子。 이것은 우리 아이의 사진입니다. 왼쪽이 딸이고, 오른쪽이 아들입니다.
    ❷ 这是我爱人和我。我家有两口人。 이것은 내 아내와 저입니다. 우리 가족은 두 명입니다.
    ❸ 我有爷爷和奶奶。这是他们的照片。 나는 할아버지와 할머니가 있습니다. 이것은 그들의 사진입니다.

❹ 我家都有五口人。从左边开始，爸爸，妈妈，妹妹，弟弟和我。
우리 집은 모두 다섯 명입니다. 왼쪽부터 시작해서, 아빠, 엄마, 여동생, 남동생 그리고 저입니다.

답 ①❹ ②❷ ③❶ ④❸

2. 답 没有，哥哥，妹妹，家人照片，妈妈

▶14과

1. 녹음원문
明明有一个朋友。她叫张美玲。张美玲今年二十一岁。明明今年二十二岁。张美玲的爸爸是张老师。他今年五十五岁。明明是张老师的学生。
밍밍은 친구가 한명 있습니다. 그녀의 이름은 장메이링입니다. 장메이링은 올해 스물 한 살입니다. 밍밍은 올해 스물 두 살입니다. 장 메이링의 아빠는 장 선생님입니다. 그는 올해 쉰 다섯 입니다. 밍밍은 장 선생님의 학생입니다.

답 张老师-55岁-张美玲的爸爸，
张美玲-21岁-明明的朋友，
明明-22岁-张老师的学生

2. 녹음원문
A: 我家有四口人。爱人，两个女儿，和我。
우리 식구는 네 명입니다. 아내, 두 명의 딸, 그리고 저입니다.
B: 我今年37岁。나는 올해 37살입니다.
A: 我爱人比我小五岁。她很漂亮。
내 아내는 나보다 5살이 어립니다. 그녀는 매우 예쁩니다.
B: 我的大女儿今年5岁。我的小女儿比她小三岁。
내 큰 딸은 올해 5살입니다. 내 작은 딸은 큰딸보다 세 살 어립니다.

답 37岁, 小, 五岁

▶15과

1. 녹음원문
乐乐想去韩国。他很喜欢看韩国电视剧。
乐乐는 한국에 가고 싶습니다. 그는 한국 드라마를 좋아합니다.

佳佳想去东京。她喜欢吃日本菜。
佳佳는 동경에 가고 싶습니다. 그녀는 일본음식을 좋아합니다.

娜英想去上海。她喜欢吃上海菜。
나영이는 상해에 가고 싶습니다. 그녀는 상해 요리를 좋아합니다.

답 乐乐-韩国-韩国电视剧，
佳佳-东京-日本菜，
娜英-上海-上海菜

2. 녹음원문
A: 你去哪儿? 너 어디 가니?
B: 我去商店买东西。나 가게에 물건 사러 가.
A: 我也要去。我要买笔。
나도 가야 해. 나는 펜 사야 돼.
B: 是吗? 那咱们一起走吧。
그래? 그럼 우리 같이 가자.

답 去, 买, 要, 要, 咱们

▶16과

1. 녹음원문
乐乐喜欢夏天，他最喜欢7月。他的生日也是7月。乐乐喜欢蓝色。他非常喜欢星期天。
乐乐는 여름을 좋아합니다. 그는 7월을 가장 좋아합니다. 그의 생일도 7월입니다. 乐乐는 파란색을 좋아합니다. 그는 일요일을 가장 좋아합니다.

佳佳喜欢冬天，她最喜欢12月。佳佳不喜欢星期一，她喜欢星期五。佳佳非常喜欢绿色。
佳佳는 겨울을 좋아합니다. 그녀는 12월을 가장 좋아합니다. 佳佳는 월요일을 좋아하지 않습니다. 그녀는 금요일을 좋아합니다. 佳佳는 녹색을 무척 좋아합니다.

답 乐乐: 夏天，7月, 蓝色, 星期天
佳佳: 冬天, 12月, 绿色, 星期五。

▶17과

1. 녹음원문
① 佳佳在图书馆念书。
佳佳가 도서관에서 공부를 합니다.
② 娜英在教室上课。
나영은 교실에서 수업을 합니다

211

③ 乐乐在健身房运动。
　　乐乐가 헬스클럽에서 운동을 합니다.
④ 张老师在书店买书。
　　장 선생님은 서점에서 책을 삽니다.
답 ④

▶ **18과**
----

1. 녹음원문
　① 娜英早上七点跑步。
　　나영은 아침 7시에 조깅을 합니다.
　② 娜英早上八点吃早饭。
　　나영은 오전 8시에 아침을 먹습니다.
　③ 娜英下午两点下课。
　　나영은 오후 두 시에 수업이 끝납니다.
　④ 娜英晚上七点吃晚饭。
　　나영은 저녁 7시에 저녁을 먹습니다.
　답 ②

▶ **19과**
----

1. 녹음원문
　① 老师站着上课。
　　선생님은 서서 수업을 합니다.
　② 窗户关着，门也关着。
　　창문은 닫혀 있고 문도 닫혀 있습니다.
　③ 老师写着字呢。
　　선생님은 글자를 쓰고 있습니다.
　④ 一个学生站着念书。
　　한 학생이 일어나서 책을 읽습니다.
　답 ②

▶ **20과**
----

1. 녹음원문
　乐乐去年去过韩国。佳佳前年去过美国。娜英上个月去过香港。
　乐乐는 작년에 한국에 가 봤습니다. 佳佳는 재작년에 미국에 가 봤습니다. 나영이는 지난 달에 홍콩에 가 봤습니다.

답 乐乐-去年-韩国,
　　佳佳-前年-美国,
　　娜英-上个月-香港

문형연습 답

▶1과

1. ① 他很好。/ 我妈妈很好。/ 我家人很好。我很忙。/ 我很累。/ 我很饿。
   ② 这个不便宜。/ 这个不大。/ 这个不小。

▶2과

1. ① 我听。/ 我说。/ 我读。/ 我写。
   ② 我看杂志。/ 我看电视。/ 我看电视剧。/ 我看报。
2. 我去药店。/ 我去医院。/ 我去学校。/ 我去公司。

▶3과

1. ① 我妹妹不是小学生。/ 我姐姐不是大学生。/ 我哥哥不是公司职员。
   ② 他是不是王老师？/ 她是不是张老师？/ 你们是不是公司职员？
2. 他是日本人。/ 她是美国人。/ 王老师是中国人。

▶4과

1. ① 这是词典。/ 这是杂志。/ 这是报纸。
   ② 那是本子。/ 那是笔。/ 那是眼镜。
2. ① 这是他的。/ 这是我朋友的。/ 这是张老师的。
   ② 那是我爱人的眼镜。/ 那是我朋友的书包。/ 那是我弟弟的笔。

▶5과

1. ① 金先生在那儿。/ 金先生在家。/ 金先生在公司。
   ② 张老师在宿舍里边。/ 张老师在学校里边。/ 张老师在书店里边。
2. ① 我的书在书桌上边儿。
   ② 我的钱包在抽屉里边。
   ③ 我的书包在椅子旁边。

▶6과

1. ① 我有空。/ 我有钱。/ 我有手机。
   ② 我没有本子。/ 我没有钱包。/ 我没有书包。
2. ① 这附近没有药店。/ 这附近有电影院。/ 这附近没有小卖部。
   ② 有青岛啤酒吗？/ 有信封吗？/ 有明信片吗？

▶7과

1. ① 我要葡萄。/ 我要西瓜。/ 我要草莓。
   ② 我要两斤。/ 我要五斤。/ 我要十斤。
2. ① 我要一本书。 ② 这儿有两杯水。
   ③ 你要几张地图？ ④ 你有几只小狗？
   ⑤ 我们要五个苹果。

▶8과

1. ① 这个三十五块。 이것은 35元입니다.
   这个一百块。 이것은 100元입니다.
   这个两百三十块。 이것은 230元입니다.
   ② 那个三块五毛。 저것은 3.50元입니다.
   那个四十块八毛。 저것은 40.80元입니다.
   那个一百块九毛。 저것은 100.90元입니다.
2. ① 这些一共多少钱? 이것들이 전부 얼마죠?
   ② 十块两斤。 두 근에 10元입니다.
   ③ 那些一共一百块。 저것들은 전부 100元입니다.
   ④ 这些五十块一斤。 이것들은 한 근에 50元입니다.

▶9과

1. 早上七点十五分/早上七点一刻 아침 7시 15분
   上午十一点三十分/上午十一点半
   오전 11시 30분
   中午十二点 점심 12시
   下午四点四十五分/下午差一刻五点
   오후 4시 45분
2. ① 我早上六点起床。
   나는 아침 여섯 시에 일어납니다.
   ② 我吃早饭。早上七点吃。
   나는 아침밥을 먹습니다. 7시에 먹습니다.

213

문형연습 답

③ 我上午九点上班。 나는 오전 9시에 출근합니다.
④ 我每天晚上看电视。
　　나는 매일 저녁 TV를 봅니다.
⑤ 我周末看电影。 나는 주말에 영화를 봅니다.

▶ 10과

1. 今天是九月十号, 星期一。
　　오늘은 9월 10일, 월요일입니다.
　① 明天星期二。 내일은 화요일입니다.
　② 后天十二号。 모레는 12일입니다.
　③ 这个星期六是十五号。
　　이번 주 토요일은 15일입니다.
　④ 佳佳的生日是二十九号。
　　佳佳의 생일은 29일입니다.

2. 今天七月五号, 星期六。
　　오늘은 7월 5일, 토요일입니다.
　我早上八点起床, 나는 아침 8시에 일어나서,
　中午去朋友家, 점심에 친구 집에 갑니다.
　下午看电影, 오후에는 영화를 보고,
　晚上七点吃晚饭, 저녁 7시에 저녁밥을 먹습니다
　晚上学习汉语, 밤에는 중국어 공부를 하고,
　十一点睡觉。 11시에 잠을 잡니다.

▶ 11과

1. ① 我 比较 忙。 나는 비교적 바쁩니다.
　② 汉语 有点儿 难。 중국어는 조금 어렵습니다.
　③ 她 真 漂亮。 그녀는 정말 아름답습니다.
　④ 旅行 非常 愉快。 여행은 무척 즐거웠어요.
　⑤ 他 很 有意思。 그는 정말 재미있어요.
　⑥ 这个 最 好。 이것이 제일 좋아요.
　⑦ 这电影 相当 好看。 이 영화는 상당히 볼 만해요.
　⑧ 你的汉语 真 不错。 너 중국어 정말 잘한다.
　⑨ 他的手机 特别 好。 그의 핸드폰은 특별히 좋다.
　⑩ 她女儿 非常 可爱。 그녀의 딸은 무척 귀엽다.

▶ 12과

1. 我是从首尔来的。 나는 서울에서 왔습니다.
　我叫金首露。 내 이름은 김수로입니다.

　我是上个星期六来的, 나는 지난 주 토요일에 왔구요,
　是坐飞机来的。 비행기를 타고 왔습니다.
　我是历史系的学生。 저는 역사학과 학생입니다.
　认识你们很高兴。 만나서 반갑습니다.

　大家好! 여러분 안녕하세요?
　我叫山田。 저는 야마다라고 합니다.
　前天从日本东京来的。
　그저께 일본 동경에서 왔습니다.
　我是中文系的学生。 저는 중문과 학생입니다.
　认识你们很高兴。
　여러분을 알게 되어 무척 반갑습니다.

▶ 13과

1. 〈乐乐家〉
　① 乐乐家有四口人。 乐乐의 식구는 4명입니다.
　② 乐乐没有兄弟姐妹。
　　乐乐는 형제자매가 없습니다.
　③ 乐乐有奶奶。 乐乐는 할머니가 있습니다.

　〈娜英家〉
　① 娜英家有四口人。 娜英의 가족은 4명입니다.
　② 她没有姐姐。 그녀는 언니가 없어요.
　③ 她的妹妹很可爱。 그녀의 여동생은 귀엽습니다.

2. 〈예시답안1〉
　① 我家有五口人。 우리 식구는 다섯 명입니다.
　② 我有兄弟姐妹。 나는 형제자매가 있습니다.
　③ 我家有爸爸, 妈妈, 姐姐, 弟弟和我。
　　우리 식구는 아빠, 엄마, 언니, 남동생 그리고 나입니다.
　④ 我没有孩子。 나는 아이가 없습니다.

　〈예시답안2〉
　① 我家有四口人。 우리 식구는 네 명입니다.
　② 我没有兄弟姐妹。 나는 형제자매가 없습니다.
　③ 我家有我爱人, 一个女儿, 一个儿子和我。
　　우리 가족은 아내, 딸 하나, 아들 하나, 그리고 저입니다.
　④ 我有两个孩子。 나는 아이가 둘 있습니다.

▶ 14과

1. ① 爸爸今年五十五岁。 아버지는 올해 55세입니다.
　② 妈妈今年五十二岁。 어머니는 올해 52세입니다.
　③ 姐姐今年二十三岁。 누나는 올해 23세입니다.
　④ 弟弟今年十九岁。 남동생은 올해 19세입니다.

2. ① 乐乐比娜英大一岁。
　　乐乐는 나영보다 한 살이 많습니다.

문형연습 답

娜英比乐乐小一岁。
나영은 乐乐보다 한 살이 적습니다.

娜英没有乐乐大。
나영은 乐乐보다 나이가 많지 않습니다.

② 娜英跟佳佳一样大。
나영은 佳佳와 나이가 같습니다.

▶ 15과

1. 佳佳 喜欢 吃中国菜, 看电视, 喝咖啡。
佳佳는 중국요리 먹는 것과 TV보는 것, 커피 마시는 것을 좋아합니다.

她 喜欢 熊猫。 그녀는 팬더를 좋아합니다.

佳佳 不喜欢 唱歌, 看杂志, 喝红茶。
佳佳는 노래부르는 것과, 잡지 보는 것과, 홍차 마시는 것을 싫어합니다.

她 不喜欢 蛇。 그녀는 뱀을 싫어합니다.

▶ 16과

1. 〈예시답안1〉
① 我喜欢冬天。 나는 겨울을 좋아합니다.
② 我想吃中国菜。
나는 중국 음식 먹는 것을 좋아합니다.
③ 我喜欢喝咖啡。
나는 커피 마시는 것을 좋아합니다.
④ 我喜欢喝热的。
나는 뜨거운 것을 마시는 것을 좋아합니다.
⑤ 我想去上海。 나는 상해에 가고 싶습니다.

2. ① 我想买(一)点儿东西。 나는 물건을 좀 사고 싶다.
② 他有点儿不高兴。 그는 좀 기분이 좋지 않다.
③ 你想喝点儿什么? 너 뭘 좀 마실래?
④ 这苹果有点儿贵。 이 사과는 좀 비싸다.
⑤ 这边比外边冷一点儿。 여기는 바깥보다 좀 춥다.

▶ 17과

1. ① 我在看书。/我在看书呢。/我正在看书呢。
나는 책을 보고 있습니다.
② 你在做什么? /你在做什么呢? /你正在做什么呢? 당신은 무엇을 하고 있습니까?
③ 我在工作。/我在工作呢。/我正在工作呢。
나는 일을 하고 있습니다.
④ 姐姐在做菜。/姐姐在做菜呢。/姐姐正在做菜呢。 언니는 요리를 하고 있습니다.

2. ① 我在教室学习呢。 나는 교실에서 공부를 합니다.
② 他今年在中国工作。
그는 올해 중국에서 일을 합니다.
③ 我妹妹在外边运动。
내 여동생은 밖에서 운동합니다.
④ 我弟弟在房间上网呢。
남동생은 방에서 인터넷을 하고 있습니다.
⑤ 张老师在书店买书。
장 선생님은 서점에서 책을 삽니다.

▶ 18과

1. ① 我没看电影。 나는 영화를 보지 않았습니다.
他没去学校。 그는 학교에 가지 않았습니다.
爸爸没上班。 아버지는 출근을 하지 않았습니다.
② 你看了没有? 당신은 봤나요 안 봤나요?
你写报告了没有?
당신은 보고서를 썼나요 안 썼나요?
你爱人下班了没有?
당신 배우자는 퇴근했나요 안 했나요?

2. ① 我们看电影, 怎么样? 우리 영화 보는 거 어때?
② 我们吃中国菜, 怎么样?
우리 중국 요리 먹는 게 어떨까?
③ 你身体怎么样? 너 몸 좀 어떠니?

▶ 19과

1. ① 可以。(你可以用我的手机。) 가능합니다.
② 不行。(我明天不能参加比赛。) 안 됩니다.
③ 可以。(你可以看这本书。) 가능합니다.

2. ① 我看着她呢。 나는 그녀를 보고 있다.
② 外边下着雨呢。 밖에 비가 오고 있다.
③ 他躺着看书呢。 그는 누워서 책을 보고 있다.

▶ 20과

1. ① 我去过上海。 나는 상해에 가 본 적이 있다.
② 他来过韩国。 그는 한국에 온 적이 있다.
③ 我们学过汉语。 우리는 중국어를 배운 적이 있다.

2. ① 你看看这本书。 너 이 책 한번 봐봐.
② 我们休息休息。 우리 좀 쉬자.
③ 这个问题, 我考虑考虑。
이 문제, 내가 고려해 볼게.

새단어목록

1과

你 nǐ 너
好 hǎo 좋다, 안녕하다
您 nín 당신
你们 nǐmen 너희들, 당신들
老师 lǎoshī 선생님
大家 dàjiā 여러분
很 hěn 매우
吗 ma ~입니까?
呢 ne ~는?
也 yě ~도, 역시
家人 jiārén 가족, 식구
他们 tāmen 그들
都 dōu 모두
谢谢 Xièxie 고맙습니다
妈妈 māma 엄마
弟弟 dìdi 남동생
爸爸 bàba 아빠
我们 wǒmen 우리들
你们 nǐmen 너희들, 당신들
还 hái 그런대로
行 xíng 괜찮다, 좋다
马马虎虎 mǎmǎhūhū 그럭저럭
老 lǎo 늘
样子 yàngzi 모양, 모습
这个 Zhège, Zhèige 이것
忙 máng 바쁘다
累 lèi 피곤하다
饿 è 배고프다
便宜 piányi 싸다
大 dà 크다
小 xiǎo 작다

2과

做 zuò 하다
什么 shénme 무엇
玩 wán 놀다
电脑 diànnǎo 컴퓨터
念 niàn 읽다
书 shū 책
吃 chī 먹다

饭 fàn 밥
买 mǎi 사다
东西 dōngxi 물건
看 kàn 보다
电视 diànshì 텔레비전
节目 jiémù 프로그램
电视剧 diànshìjù 연속극
去 qù 가다
儿 nǎr 어디
商店 shāngdiàn 상점
买 mǎi 사다
巧克力 qiǎokèlì 초콜릿
听 tīng 듣다
音乐 yīnyuè 음악
眼镜店 yǎnjìngdiàn 안경점
药店 yàodiàn 약국
歌 gē 노래
读 dú 읽다
写 xiě 쓰다
杂志 zázhì 잡지
报 bào 신문
医院 yīyuàn 병원
学校 xuéxiào 학교
公司 gōngsī 회사

3과

是 shì ~이다
不 bù 아니다
哪 nǎ 어느
人 rén 사람
〈고유명사〉
韩国 Hánguó 한국
中国 Zhōngguó 중국
老师 lǎoshī 선생님
学生 xuésheng 학생
大学生 dàxuéshēng 대학생
公司职员 gōngsī zhíyuán 회사원
日本 Rìběn 일본
妹妹 mèimei 여동생
姐姐 jiějie 언니, 누나
哥哥 gēge 오빠, 형
张 Zhāng 성씨 장

4과

这 zhè 이것
杂志 zázhì 잡지
那 nà 저것, 그것
词典 cídiǎn 사전
的 de ~의
谁 shéi 누구
朋友 péngyou 친구
爱人 àiren 배우자
名片 míngpiàn 명함
报纸 bàozhǐ 신문지

5과

在 zài (~에) 있다
洗手间 xǐshǒujiān 화장실
哪儿 nǎr 어디
这儿 zhèr 여기
那儿 nàr 저기, 거기
请 qǐng 청하다
问 wèn 묻다
邮局 yóujú 우체국
车站 chēzhàn 정류장
前边 qiánbiān 앞쪽
就 jiù 바로, 곧
手机 shǒujī 핸드폰
书桌 shūzhuō 책상
那 nà 그러면
钱包 qiánbāo 지갑
口袋 kǒudài 호주머니
宿舍 sùshè 기숙사
学校 xuéxiào 학교
书店 shūdiàn 서점
抽屉 chōuti 서랍
椅子 yǐzi 의자

6과

有 yǒu 있다
没 méi 부정부사

새단어목록

空 kòng 비다, 빈 시간, 틈, 짬
妹妹 mèimei 여동생
汉语 Hànyǔ 중국어
电子词典 diànzǐ cídiǎn 전자사전
事 shì 일
小卖部 xiǎomàibù 매점
时间 shíjiān 시간
计划 jìhuà 계획
附近 fùjìn 부근
青岛啤酒 Qīngdǎo Píjiǔ 청도맥주
信封 xìnfēng 편지봉투
明信片 míngxìnpiàn 엽서

 7과

要 yào 원하다
几 jǐ 몇
斤 jīn 근
一 yī 일
三 sān 삼
个 ge 개
苹果 píngguǒ 사과
只 zhī 마리
小狗 xiǎogǒu 강아지
张 zhāng 장
两 liǎng 둘
地图 dìtú 지도
小猫 xiǎomāo 고양이
葡萄 pútao 포도
西瓜 xīguā 수박
草莓 cǎoméi 딸기
水 shuǐ 물

 9과

现在 xiànzài 지금
点 diǎn 시(时)
分 fēn 분
开始 kāishǐ 시작하다
早上 zǎoshang 아침

上班 shàng bān 출근하다
午饭 wǔfàn 점심
回 huí 돌아가다

 10과

月 yuè 월
号 hào 일
星期 xīngqī 요일
吧 ba ~이죠?, ~하자
上课 shàng kè 수업하다
每 měi 매, 각, ~마다
生日 shēngrì 생일
佳佳 [인명]지아지아
学习 공부하다

 11과

好 hǎo 매우, 꽤
久 jiǔ 오래다
见 jiàn 보다, 만나다
欢迎 huānyíng 환영하다
旅行 lǚxíng 여행(하다)
愉快 yúkuài 즐겁다
非常 fēicháng 굉장히, 무척
〈고유명사〉
乐乐 Lèlè 러러
佳佳 jiājiā 지아지아

 12과

从 cóng 行로부터
来 lái 오다
叫 jiào ~라고 부르다
韩语 Hányǔ 한국어
系 xì ~과, 전공

同学 tóngxué 동학, 학우
认识 rènshi 알다
高兴 gāoxìng 기쁘다
名字 míngzi 이름
〈고유명사〉
首尔 Shǒu'ěr 서울
李娜英 Lǐ Nàyīng 이나영
坐 zuò 타다, 앉다
公共汽车 gōnggòng qìchē 버스
地铁 dìtiě 전철
飞机 fēijī 비행기

 13과

老 lǎo 늙다, (접두) 항렬의 순서를
　　　나타내는 접두어
大 dà 크다 / 연상, 손위이다
家人 jiārén 가족
怎么 zěnme 어떻게, 어째서, 왜
可爱 kě'ài 귀엽다
知道 zhīdao 알다

 14과

多 duō 얼마나
大 dà 나이가 많다
比 bǐ ~보다
岁 suì 살, 세
跟 gēn ~와
一样 yíyàng 같다, 동일하다
属 shǔ ~띠이다
马 mǎ 말
羊 yáng 양

 15과

咱们 zánmen 우리
走 zǒu 가다
啊 a 어기조사

217

새단어목록

想 xiǎng ~하고 싶다
四川菜 Sìchuāncài 사천요리
辣 là 맵다
喜欢 xǐhuan 좋아하다

方便面 fāngbiànmiàn 라면
跑步 pǎobù 조깅하다
逛街 guàngjiē 쇼핑하다

一点儿 yìdiǎnr 좀, 약간
拿铁咖啡 nátiě kāfēi 카페라테
热 rè 뜨겁다
冰 bīng 차갑다
渴 kě 목마르다
夏天 xiàtiān 여름
冬天 dōngtiān 겨울
咖啡 kāfēi 커피
绿茶 lǜchá 녹차
高兴 gāoxìng 기쁘다

可以 kěyǐ 할 수 있다
房间 fángjiān 방
当然 dāngrán 당연하다
墙 qiáng 벽
挂 guà 걸다
旅游 lǚyóu 여행하다
好玩 hǎowán 재미있다
特别 tèbié 특별하다, 특히, 유난히
传统 chuántǒng 전통, 전통의
衣服 yīfú 옷
〈고유명사〉
云南 Yúnnán 운남
用 yòng 사용하다, 쓰다
这么 zhème 이렇게
参加 cānjiā 참가하다
比赛 bǐsài 시합

干 gàn 하다
呢 ne 지속의 느낌을 주는 어기조사
天气 tiānqì 날씨
见面 jiàn miàn 만나다
分钟 fēnzhōng 行분간
以后 yǐhòu 이후
门口 ménkǒu 문앞
行 xíng 좋다, 되다
一会儿 yíhuìr 잠시, 잠깐 동안

过 guo ~해본 적이 있다
茉莉花茶 mòlìhuā chá 자스민차
香 xiāng 향기롭다
再 zài 다시
试 shì 시도하다
休息 xiūxi 휴식하다
考虑 kǎolǜ 고려하다

了 le 완료시제를 나타내는 어기조사
还 hái 아직
食堂 shítáng 식당
已经 yǐjīng 이미

Memo

Memo